KAWADE
夢文庫

9割の人が
信じ込んでいる
覚え違い大全

博学こだわり倶楽部［編］

河出書房新社

まえがき

「ずっと間違っていたなんて…」ショックを受けたぶん、賢くなれます！

「そのリーゼント、決まってるね！」と男性の前髪を見て、ほめたことはないだろうか。「このイチゴの実、赤くて大きいね」と言ったことは？「バブルのころは、アタシもジュリアナでブイブイいわしてたのよ♪」と自慢したことはないだろうか。

実は、これらの発言はすべて間違い。リーゼントとは頭のサイドから後ろへ撫《な》でつけたヘアスタイルのことだし、イチゴの実は黄色い種のような一粒一粒のこと。ジュリアナ東京の開業は、バブル景気が弾けたあとだ。

このように「これが正解！」と信じていたことでも、とんでもない誤りだったという事柄は多い。本書は、そんな「覚え違い」を取り上げ解説したものだ。

だからといって、「世の中の間違いを正さなければならん！」という原理主義的な意図はない。「これも思い違いなの?!」と驚きながら、正しい知識と蘊蓄《うんちく》を身につけていただきたい。

博学こだわり倶楽部

もくじ

早く言ってよ…

それって常識?!

もくじ

写真・イラスト＊ＰＩＸＴＡ
フォトライブラリー
Raimond Spekkinug (p15)
Kakidai (p133)
Jordan Mallon (p184)
図版作成＊ＷＡＤＥ
協力＊オフィステイクオー

博学こだわり倶楽部のメンバーが集めた、とっておきの「覚え違い」から107を厳選。あなたは、いくつ間違って覚えているでしょうか？

覚え違い
01

アダムとイブが食べた「禁断の果実」はリンゴではなかった。

覚え違い 01 解説

聖書には「果実（木の実）」としか書かれていない

ヘビにそそのかされ、アダムとイブが食べたのが「善悪の知識の木」の実で、いわゆる禁断の果実だ。これを「リンゴ」だと認識している人は多いが、このエピソードを記した旧約聖書の「創世記3章」には、どこにもリンゴとは書かれていない。

誤解の理由として挙げられるのは、言葉の類似だ。旧約聖書をヘブライ語からラテン語に翻訳する際、「善悪の知識の木」は「de ligno autem scientiae boni et mali」と訳された。maliはmalumから派生した言葉で、その意味は「悪」。

さらに「リンゴ」という意味も持っていたため、12～13世紀ごろから、禁断の果実＝リンゴとするのが一般的になった。

17世紀になると、ジョン・ミルトンがその叙事詩《じょじし》『失楽園』ではっきりとリンゴと記し、世界的に認知されたという。

覚え違い

02

「週休2日制」の意味は「週に必ず2日休める」ではない。

週休2日制の
CALENDARの例

4

日	月	火	水	木	金	土
①	2	3	4	5	6	7
⑧	9	10	11	12	13	⑭
⑮	16	17	18	19	20	21
㉒	23	24	25	26	27	28
㉙	30					

覚え違い 02 解説

月に1度、週に2日の休みが保障されること

求人募集で「週休2日制」を売りにする企業は多い。しかし、この文言には注意が必要だ。なぜなら、「毎週休日が2日ある」という意味ではないからだ。

週休2日制とは、「月に最低1度は週2日の休みがある」こと。必ず、1週間に2日の休みがあるとは限らないのだ。ちなみに、労働基準法で定められている労働時間は「1日8時間・週40時間」。これを超えると、基本給の1・25倍から1・5倍の手当《てあて》を支払わなくてはならない。

週2日の休みが保障されるのは「完全週休2日制」。こちらは週に2日間、月に8日ほどの休みが保障された制度だ。ただし、この2日間をどこに入れるかは企業に任されているので、必ずしも土日祝日に休めるわけではない。

覚え違い
03

鳩時計で
時刻を報《しら》せているのは
鳩ではなく、カッコウ。

写真提供:株式会社ハック

覚え違い03解説

鳥は鳥でも…

1時間ごとに小窓が開き、中から鳩が出てきて時刻を報せる「鳩時計」。しかし実は、この時計を鳩時計と呼ぶのは日本だけ。世界では「カッコウ時計」と呼ばれているのだ。

カッコウ時計の発祥地はドイツで、17世紀ごろには、すでに売られていたという。では、なぜ日本ではカッコウ時計ではなく、鳩時計と呼ぶのか。

ドイツからこの時計を輸入・販売するときに、カッコウでは閑古《かんこ》鳥《どり》をイメージさせて縁起が悪い、カッコウは托卵《たくらん》（自らの卵とそれから生まれる子の世話を他の個体に托する行為）する鳥だから育児放棄を連想させてやはりイメージが悪い、ということが考慮されて、平和の象徴でもある鳩に替えられたのだという。

似たような鳥なのに、イメージは天と地ほども違ったのだ。

覚え違い
04

ヘリコプターの
区切り方は
「ヘリ・コプター」
ではなく、
「ヘリコ・プター」。

覚え違い 04 解説

螺旋の「ヘリコ」と翼の「プター」で区分

回転翼機の一種であるヘリコプターだが、この名前を大半の人は「ヘリ・コプター」と区切るだろう。

しかし、実は「ヘリコ・プター」が正しい。「ヘリコ」はギリシャ語で螺旋《らせん》を意味する「ヘリック」で、「プター」は翼を意味する「プテロン」を由来とする。これらを合わせた造語が「ヘリコ・プター」なのである。

同様に、自動車会社のロールスロイスは「ロール・スロイス」と区切られがちだが、正しくは「ロールス・ロイス」。ロールス社とロイス社という二つの企業が合併したことが社名の由来だからだ。

ちなみに、全日空（ＡＮＡ）の前身は「日本ヘリコプター輸送株式会社」といい、国際線の航空会社コードが「ＮＨ」なのは、創業社名の名残《なごり》である。

覚え違い
05

「6Pチーズ」の
読み方は
「ロクピーチーズ」
ではなく、
「ロッピーチーズ」。

覚え違い05解説

Pはピースの「P」ではない

おなじみの丸い箱に入った扇形のチーズ、雪印メグミルクの「6Pチーズ」の読み方を、長年間違えていた人も少なくないだろう。だが、正しい読み方は「ロッピーチーズ」だ。

確かに前ページ写真のパッケージのサイドには、「ロッピー」と振り仮名がある。

では、なぜ「ロッピー」なのか。同社によると「6PチーズのPを、ピースのPだと思っている方がたくさんいると思いますが、実は違います」とのこと。

では「P」は何かというと、ポーション（一部分、一人前）の「P」なのだという。丸いチーズを6分割したという意味での、6ポーション＝6Pなのだそうだ。

二重の覚え違いをしていた人も多そうだ。

覚え違い 06

東京の山手線は厳密には「環状線」ではなく、三つの路線が走っている。

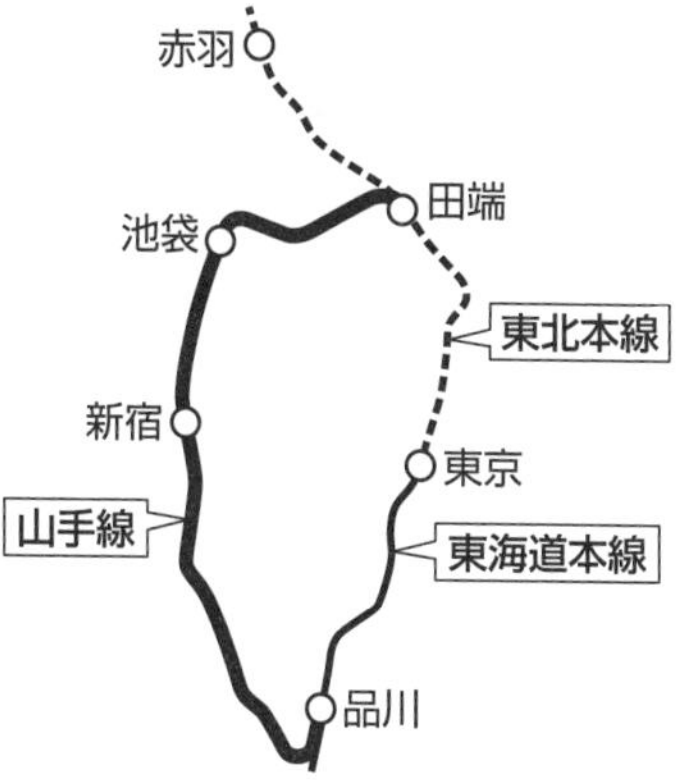

覚え違い06 解説

本来の山手線は西側の路線のみ

東京都の中心部に、ぐるっと円を描いて走るJR山手線。都心部を周回するのだから「環状線」と呼んでもよさそうなものだが、厳密には誤りだ。

周回の路線距離は34・5キロだが、正式に山手線とされるのは、品川駅から渋谷、新宿、池袋を経由する田端《たばた》駅までの20・6キロの区間。東側の田端駅〜東京駅間は東北本線、東京駅〜品川駅間は東海道本線である。したがって、大阪環状線のように一つの路線が円形につながっているわけではない。

当初の山手線は、東海道本線と東北本線をつなぐために、品川駅から赤羽駅間を結ぶ「品川線」という路線だった。やがて、東海道本線と東北本線が延伸したことで、1925年に現在のような環状運転が行なわれるようになったのである。

覚え違い
07

クリスマスに イチゴと生クリームの「クリスマスケーキ」を食べるのは、日本だけ。

覚え違い07解説

広まったのは高度経済成長期

クリスマスには、イチゴと生クリームのデコレーションケーキを食べるのが定番だが、意外にも欧米にそのような習慣はない。

クリスマスの食べ物は国によって違い、アメリカは七面鳥、ドイツはフルーツ入りの堅パン「シュトーレン」を食べる。フランスはケーキを食べるが、日本のようなものではなく薪《まき》を模した「ブッシュドノエル」だ。

日本でクリスマスケーキが食べられるようになったのは、1922年に洋菓子店の不二家が販売したのがきっかけ。ただし当初はあまり浸透せず、広まったのは戦後の高度経済成長期だった。

なお、バレンタインデーのチョコレートも日本と韓国だけの習慣。日本では神戸の洋菓子メーカー・モロゾフが1932年に、チョコレートを贈るというスタイルを紹介したのが始まりである。

覚え違い
08

ワイシャツの「ワイ」は
アルファベットの
Ｙではなく、
「ホワイト」の略語。

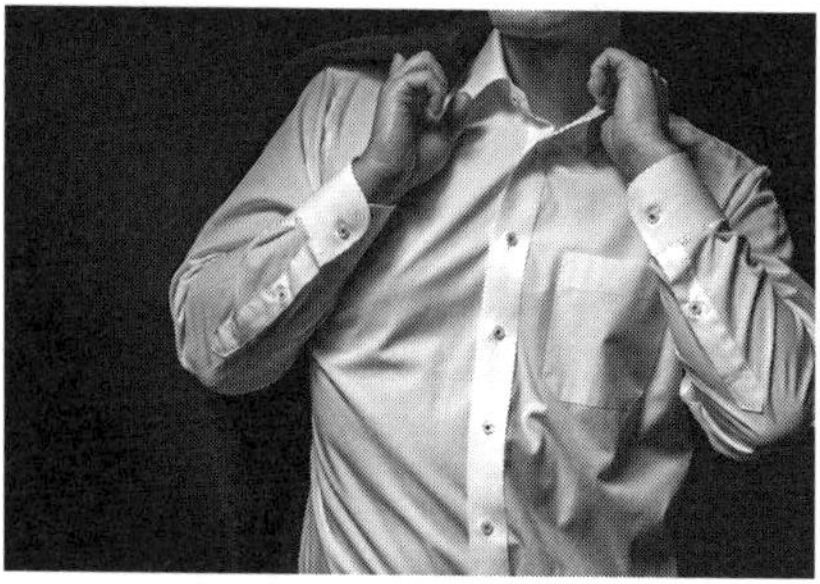

覚え違い08解説

シャツ店の聞き間違いが定着した

ワイシャツが日本で一般化したのは明治時代末以降で、当時の名称は「ホワイトシャツ」。このホワイトを、大和屋シャツ店の創業者・石川清右衛門が「ワイ」と聞き間違え、ワイシャツとして売り出した。

つまり、ワイシャツのワイはホワイトの略なので、語源からいえば、青や黒いシャツに使うのは誤りである。

なお、関西では「カッターシャツ」と呼ぶのが一般的だ。これは、大阪に本社を置くスポーツ用品メーカー「ミズノ」の前身・水野兄弟商店が、1915年に開発したスポーツ用シャツが由来である。

野球の試合後に「勝った！ 勝った！」と大騒ぎする観衆を見てネーミングされたが、そのシャツがホワイトシャツに似ていたことから、関西ではカッターシャツと呼ぶのが主流になった。

覚え違い
09

「名代富士そば」の
「名代」の読み方は、
「めいだい」「みょうだい」
ではなく「なだい」。

覚え違い 09 解説

「なしろ」でもありません

慌ただしいランチタイムに重宝する立ち食いそば。その大手チェーン店が「名代富士そば」だ。「名代」なんて付いていたっけ？　と気づいていなかった人もいるだろうが、ではこの「名代」を何と読むか。

公式ツイッターが、どう読んでいたかアンケートをとったところ、「めいだい」、もしくは「みょうだい」と読む人が続出。ほかにも「なしろ」と呼ぶ勢力もあり、結局「なだい」と正しく読めた人は、ごく少数だったとか。

なお、名代を「なだい」と読むと「名高いこと」「評判の高いこと」を意味するので、「富士山のように立派で有名な立ち食いそば店にしたい」（同社広報）という創業者の思いと重なる。ほかの読み方ではやはり、ダメなのだ。

覚え違い

10

京都弁の「はんなり」の意味は
「おっとり柔らか」ではなく、
「明るく華やか」。

覚え違い 10 解説

もとは着物の華やかさを表していた

京都弁でいう「はんなりしたはりますなぁ」には、おっとりとした柔らかなイメージがある。そのつもりで京都人に接すると、「おもしろいこと言わはる人やわぁ」と嫌みの一つも言われてしまうかもしれない。

実は「はんなり」は、明るく上品で華やかな姿という意味だからだ。華やかさを表す「華あり」、もしくは晴れ空の「晴れなり」が訛《なま》り、はんなりになったとされるが、正確な由来は不明だ。

当初は着物の色合いが華やかなことを表したが、やがて陽気な様子や人物を指す言葉に変化。大阪でも使われることがあり、古い船《せん》場《ば》言葉では「はんなら」という。

町も文化も風流という京都のイメージから、はんなりの意味も「おっとり柔らかで優雅」と誤解されたようだ。

覚え違い 11

ノーベル賞の中に「経済学賞」は存在しない。

覚え違い 11 解説

スウェーデンの国立銀行が作った賞

優れた経済理論や功績を残した人物に贈られる「ノーベル経済学賞」だが、実は経済学部門はノーベル賞に含まれない。ノーベル経済学賞の正式名称は「アルフレッド・ノーベル記念スウェーデン国立銀行経済学賞」。創立300年を記念し、スウェーデン国立銀行が1968年に、ノーベル財団へ働きかけて成立したものだ。

ほかの賞と同じく、スウェーデン王立科学アカデミーが受賞者を選考しているが、資金の拠出はノーベル基金ではなくスウェーデン国立銀行。ノーベル財団も2001年には、朝日新聞記者からの質問に「経済学賞はノーベル賞ではない」と答えている。

ノーベル賞と呼ばれてはいるが、公的には認められていない記念の賞という位置付けなのだ。

覚え違い

12

クジラとイルカは
別の種類でなく、
大きさで区別
されているだけ。

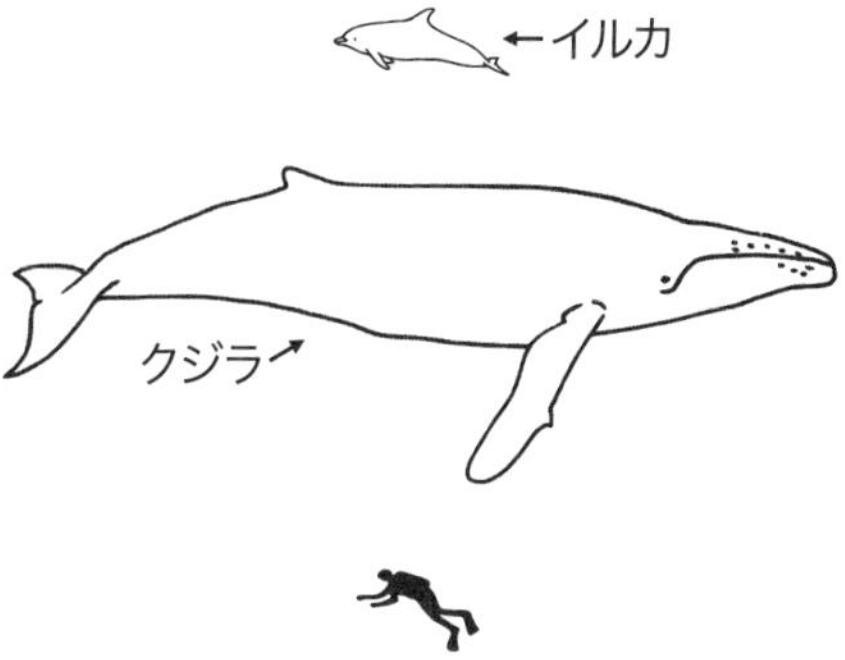

覚え違い 12 解説

大きいのがクジラ、小さいのがイルカ

海に生息する哺乳類《ほにゅう》といえば、クジラやアシカ、アザラシ、トド、オットセイなどが挙げられる。

このうちクジラは「クジラ目《もく》」に属し、アシカは「食肉目アシカ科」、アザラシは「食肉目アザラシ科」だ。トドとオットセイはアシカ科だが、トドは「トド属」、オットセイは「キタオットセイ属」と「ミナミオットセイ属」に分類される。

ではイルカはどうか、というとイルカは「クジラ目」なので、生物学上、クジラとの区別は存在しない。名前は大きさによって分けられているだけである。

クジラはハクジラとヒゲクジラに大別され、日本ではハクジラの中でも体長4メートル以下のものをイルカと呼ぶ（ただし例外あり）。つまりイルカは、歯のある比較的小型のクジラといえる。

覚え違い

13

「シャチハタ」は商品名ではなく、開発した会社の名前。

覚え違い13解説

正式名称は「Xスタンパー」

朱肉やインクがなくても押せるハンコのシャチハタは、実は商品名ではない。名古屋の印鑑・スタンプ製造会社「シヤチハタ株式会社」が開発したハンコの通称だ。

1965年に発売されたときに付けられた商品名は「Xスタンパー（インキ浸透印）」という。しかし、その名称は世間に浸透せず、逆に社名であるシャチハタが通称として定着したというわけだ（社名表記がシヤチハタなのは、98頁を参照）。

同様に、接着剤のセメダインも商品名ではない。社名とブランドを合わせた名称で、本来の商品名は「C」。

過去にA型とB型があった名残《なごり》であり、現在も「セメダインC」というラベルで販売されている。これが商品名と誤解されて世間に定着したのだ。

覚え違い

14

人の肥満度を表す「BMI」に医学的な根拠はない。

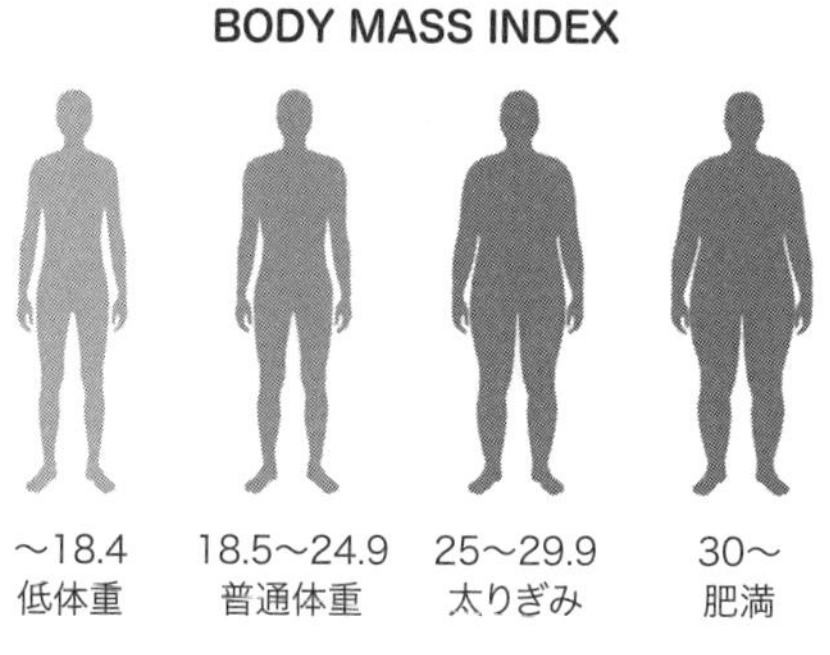

覚え違い 14 解説

保険会社が利益向上のため導入

肥満の度合いを判定する指標として知られる「ＢＭＩ（ボディマス指標）」は、会社の健康診断などでお馴染みだが、実は医学的な根拠に乏《とぼ》しいという事実がある。

ＢＭＩは体重を身長（ｍ）の２乗で割って算出されるが、この計算では体内の筋肉や脂肪量は反映できない。そのため、筋肉量が多い人も、脂肪過多な人も、共に肥満と認定されてしまうのだ。

では、なぜＢＭＩが広まったのか。きっかけは、１９４５年にアメリカの保険会社によって導入されたことだった。肥満の人の保険料支払額が大きい傾向にあると気付いたこの会社は、標準体形の人も肥満に振り分けるために悪用したのだ。

ＢＭＩは、あくまでも目安の一つと考えるのが賢明だろう。

覚え違い

15

「逮捕前に、犯人が自首すれば罪が軽くなる」は間違い。

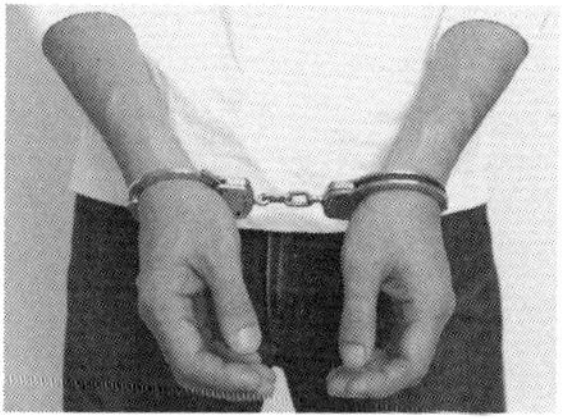

覚え違い 15 解説

そもそも「自首」の定義とは

犯罪を犯した者が自首すると刑が軽くなる。世間ではそう思われがちだが、実は軽減されない場合もある。

刑法第42条1項には「自首で罪の減軽ができる」と定められてはいるが、条件は犯罪が警察に知られる前、または容疑者が特定されていない場合に限る。指名手配犯が警察に出頭しても、自首とはみなされないのだ。

しかも、自首による減刑は義務ではなく、重刑が相当と判断されれば、それなりの罰を受ける。また、示談《じだん》や和解が成立していても、必ずしも刑が軽くなるわけではない。

つまり、情状酌量《じょうじょうしゃくりょう》の効果があったとしても、刑が軽くなるか重くなるかは、裁判官の判断次第というわけだ。

覚え違い
16

レモネードとラムネは別物ではなく、同じ物。

覚え違い 16 解説

ラムネは「レモネード」が語源

現在の日本人の感覚でいえば、レモン果汁に砂糖やシロップを加えて水で割ったものがレモネード、シロップに香料や酸味料を加えて炭酸水で割ったのがラムネとサイダーだ。

ただし、名前の由来からすると、レモネードとラムネは同じで、サイダーは別物ということになる。幕末に欧米から大量の炭酸レモネードが持ち込まれ、このレモネードが訛《なま》って「ラムネ」になったとされる。一方のサイダーは、リンゴ酒であるフランス語の「シードル」（＝英語でサイダー）が語源だ。

名前の由来は違えど、現在のラムネとサイダーは同じもので、両者は瓶の形によって区別されている。さらに「中小企業事業分野調整法」によって、ラムネは中小企業にのみ生産が許されているため、大企業は製造に参入できない点も異なっている。

覚え違い
17

「ネギトロ」は
野菜の「ネギ」＋マグロの「トロ」
のことではない。

覚え違い 17 解説

「ねぎ取る」が「ネギトロ」に変化

寿司屋でネギトロ巻を注文したところ、ネギが入っておらず、しかもトロではない部位が使われていた——。だが、これは寿司屋がネタをケチったわけではない。ネギとトロを使わなくても「ネギトロ」と名乗ることはできるのだ。

ネギトロは、浅草の寿司屋がまかない料理として食べていたものを、常連客に出したのが始まりとされる。

ネタは骨や皮についていたマグロの身。この中落ちやすき身を「こそげ取って（ねぎ取って）」巻いたことから、「ねぎ取る」が「ネギトロ」に変化したといわれている。つまり、ネギトロはネタから名付けられたわけではないのだ。

「ネギもトロも入っていないじゃないか！」と文句を言っても、軽くあしらわれるのがオチだ。

覚え違い

18

一寸法師は、お姫様を救ったのではなく、謀略でもって自分のものにした。

覚え違い 18 解説

化け物としてうとまれたダークヒーロー

有名な昔話『一寸法師』は、一寸（約3センチ）の背丈を活かし、お姫さまを鬼から救うヒーローとして描かれている。ただしこれは、室町時代後期には成立していたとされる内容を、子ども向けに変えたもの。原典の一寸法師はかなりダークだ。

老夫婦の間に生まれた一寸法師は「京に上って出世を果たす」と宣言、家を出たとされる。

だが実際は、いつまでたっても成長しない我が子を両親が「化け物では」と気味悪がり、それに耐えかねて家出したという設定。お姫さまを助けるくだりも、姫をわがものにするため、姫が家人から追い出されるように謀《はか》っている。もはやヒーローどころか、半グレに近い。

ちなみに、一寸法師を産んだときのお婆さんは41歳だったという。

覚え違い
19

「コンセントを抜く」は
誤りで、正しくは
「コンセントから抜く」。
抜き差しするのは
「プラグ」。

覚え違い 19 解説

「コンセントプラグ」が混乱の原因

「コンセント」とは壁に埋め込まれた差し込み口のこと。このコンセントに差し込むのが「プラグ」である。

大正時代末期、差し込み口とコード先はセットで「コンセントプラグ」と呼ばれていたが、これを、東京電燈（現・東京電力）が内線規定を作る際に名称を分離。だが、一般的には両方とも「コンセントプラグ」もしくは「コンセント」と呼ばれていたため、プラグもコンセントと呼ばれ続けたと考えられている。

実はコンセントは和製英語で、アメリカでは「アウトレット」、イギリスでは「ソケット」。コンセントの由来は、明治時代に輸入された円形の「コンセントリック・プラグ（concentric plug）」の短縮形だといわれている。

覚え違い

20

「飛行機はバックができない」わけではなく、もろもろの事情で行なわれないだけ。

覚え違い 20 解説

エンジン逆噴射やプロペラの逆回転で可能

飛行機が滑走路までの誘導路を通るとき、「トーイングカー」という作業車で牽引《けんいん》されたり、押し出されたりする。そのため、特別な機種でない限り、飛行機のバックは不可能だと思っている人もいるだろう。

だが、そうではない。通常の旅客機でも単体でのバックは可能だ。

飛行機のジェットエンジンには逆噴射機能がある。通常は着陸時の減速に利用されるのだが、この機能のパワーを上げれば単体でのバックができる。プロペラ機でも逆回転すれば、機体は後退する。

ただ、飛行機のコックピットから後方が見えないことや、エンジンに人や物が吸い込まれる危険があること、そして前進以上に燃料を使うことを理由に、バックはめったに行なわれないのだ。

覚え違い
21

**イチゴの実は
「赤い部分」ではなく、
表面にある
種のような粒々。**

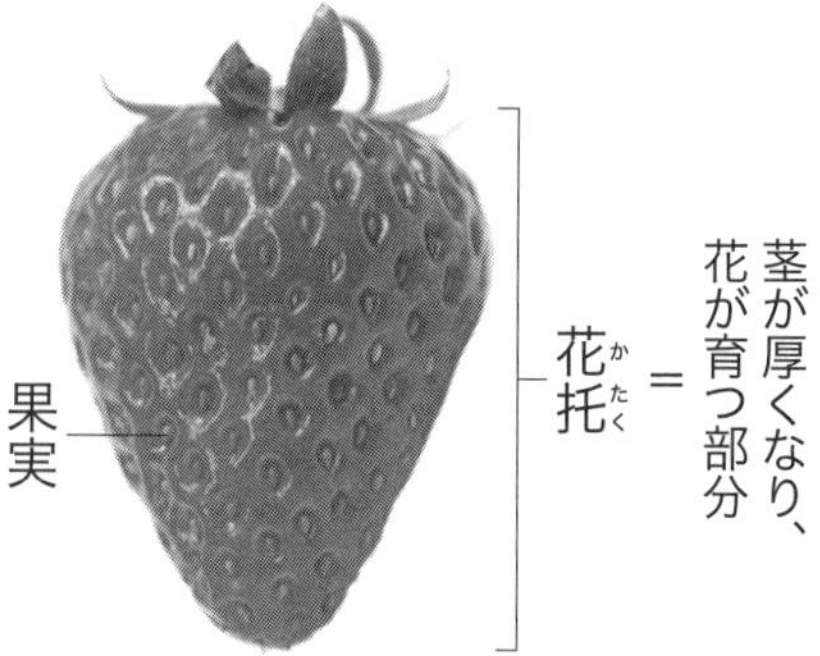

覚え違い 21 解説

赤い部分は実ではなく、茎の一種！

イチゴの果実はどこかと聞かれたら、多くの人は「緑のヘタ以外の赤い部分」と答えるだろう。しかし、あの部分は実ではない。

花を付ける枝は花柄《かへい》と呼ばれ、その先端を花托《かたく》と呼ぶ。この花托は茎の一種なのだが、これが受粉で大きく発達したのが、いわゆるイチゴの「実」とされている部分だ。しかし、果実は子房《しぼう》が巨大化したものなので、茎である赤い部分はそれに当てはまらない。

ではイチゴの果実はどこか？　それは表面にある黄色い粒々（瘦《そう》果《か》）だ。種のようだが、一つ一つが乾いた果皮《かひ》で包まれている。この粒々が、イチゴ本来の「実」である。

したがって「歯の間にイチゴの種が挟まった」と言っても、正確には実が挟まっているのだが、そこまでこだわる必要はないだろう。

覚え違い

22

ホイットニー・ヒューストンの『オールウェイズ・ラヴ・ユー』は別れの曲である。

覚え違い 22 解説

♪そばにいたら邪魔になってしまう

アメリカの歌姫と称《たた》えられたホイットニー・ヒューストンの『オールウェイズ・ラヴ・ユー（I Will Always Love You）』。映画『ボディーガード』の主題歌になり、結婚式で使われることも多い。高らかな歌声をバックに、新郎新婦が入場するというのが定番だ。

タイトルを日本語に訳すと「いつまでもあなたを愛している」なので、愛の歌であることは間違いない。しかし歌詞を見ると、実は別れの曲だとわかる。

「もし、このままあなたのそばにいたら邪魔になってしまう」という出だしから始まり、彼のもとから去る決意をする。けれど、「永遠にあなたを思ってしまうでしょう」と切ない気持ちを歌い上げているのだ。

ドラマチックな曲ではあるが、結婚式での使用は避けるべきかも。

覚え違い

23

「ラジコン」は
ラジオコントロールの
略語ではなく、
ラジコンバスの略語。

覚え違い23解説

増田屋コーポレーションの登録商標

無線操縦で自動車やヘリコプターを操作する「ラジコン」は、「ラジオコントロール」の略語ではなく、登録商標だ。

1955年、増田屋齋藤貿易（現・増田屋コーポレーション）は「コヒラー（コヒーラ検波器）」という通信技術を応用し、世界初の無線で操縦できる玩具を販売。この「ラジコンバス」（バスのほかにロボットやスーパーカーもあった）の商品発売と同時に、増田屋はラジコンを商標として登録した。

そのため、他企業では商品にラジコンと付けることはできず、「Radio Control」の頭文字を取って「RC」、もしくは「R／C」と表記している。なお、登録商標はラジコンだけで、ラジオコントロールは商標使用が可能。ラジコンと同じ遠隔操作の「リモートコントロール」や略称の「リモコン」は一般名称である。

覚え違い

24

電車の「乗車券」を「切符」と表すのは間違いで、正しくは平仮名の「きっぷ」。

覚え違い 24 解説

漢字は「手回り品切符」などを表す

漢字の「切符」と平仮名の「きっぷ」。子どもや外国人にもわかりやすいよう表記を変えているのだろう……と思いきや、旅客営業制度上、この二つは全くの別物である。

「きっぷ」は俗称であり、正式には「乗車券類」で、「乗車券」「特急券」「グリーン券」などを指す。

一方の「切符」は、旅客関係以外で金銭を収受するときなどに使われる。規定以上の大きさや重さを超える手荷物や小動物が入った容器を持ち込む場合に購入する「手回り品切符」や、駅で荷物の有料預かりをした場合に発行される「一時預かり切符」などがある。

つまり、本来は乗車券類なのだが、通称の「きっぷ」のほうが広く知れ渡っているため、旅客の混乱を避けるべく平仮名にしているのだ。

覚え違い
25

ムンクの名画『叫び』で
叫んでいるのは、
「耳をふさぐ男」ではなく
「周りの自然」。

覚え違い 25 解説

自然の絶叫に苦しむムンク本人を描いている

ノルウェーの画家エドヴァルド・ムンクの代表作『叫び』。絵の中央で、男が耳をふさぎ、Oの字に口を開いたさまは絶叫する姿そのものだ。

しかし実は、叫んでいるのはこの男ではない。絵の男はムンク自身であり、両耳をふさぎ、絶叫に対する苦しみを表しているのだ。

ムンクは夕暮れのフィヨルド（氷河による侵食作用で形成された複雑な地形の湾・入り江）を眺めている最中、血のような空から伝わる叫び声を聞いたという。これを「自然の叫び声」と捉《とら》えたムンクは、自身の感情を絵画として描いたのである。

当時のムンクは幻聴に悩まされており、耳にした自然の叫び声も幻聴の一種だったという。そんな不安定な精神状態で生み出された名画だったのだ。

覚え違い

26

髪形のリーゼントは
突き出した前髪の
部分ではなく、
「サイドを撫でつけて
後ろで合わせた部分」
をいう。

覚え違い26解説

突き出した前髪部分は「ポンパドール」

かつてはロックンローラーや暴走族に大ウケした「リーゼントヘア」。突き出した前髪が特徴だが、本来の「リーゼント」という名称は後頭部を指す。

この名称は、1本の道が左右に分かれて膨らみ、再び合流して1本になるロンドンの「リーゼント・ストリート」が由来。その形が、整髪料で左右の髪を撫《な》でつけて固め、後頭部で「I」の字に合わせた髪形に似ていることから名付けられたとする説が有力だ。

なお、前髪を盛り上げたスタイルは「ポンパドール」と呼ばれ、リーゼントとポンパドールの両方を組み合わせたのが、1950年代のロック歌手、エルビス・プレスリー。

日本でも大流行したが、しだいに面倒な後ろ髪のセットは廃《すた》れ、リーゼントといえば前髪ばかりが特徴的な髪形を指すようになった。

覚え違い

27

ムーミンの親友・スナフキンは
人の姿をしているが、
ムーミンと同様、架空の生き物。

覚え違い 27 解説

ミイとミムラねえさんの弟

ムーミンシリーズに出てくるキャラクターの中でも、人気が高いスナフキン。ムーミンの親友で、自由と旅をこよなく愛する。村に永住せず、常に俯瞰《ふかん》の目線でムーミンに助言するのだが、その言葉も哲学者的な趣《おもむき》があるので「たった一人の人間キャラ」だと思われがちである。

しかし実際は、ムーミンや村の仲間と同じく架空の生き物で、ミイとミムラねえさんと、父親の違うきょうだいという設定だ。しかもミイより年下なのである。アニメではその設定は出てこず、スナフキンがミイにデートに誘われるエピソードまである。

また、「スナフキン」という名前も英語で、原作のスウェーデン語では「スヌスムムリク」という。これは「嗅《か》ぎたばこ野郎」という意味だそうだ。

覚え違い
28

スイートルームの
「スイート」は
sweetではなく、
「suite」。

覚え違い 28 解説

「甘い時間を過ごす部屋」ではない

ホテルで最上級の部屋といえば「スイートルーム」で、1泊ウン十万円という部屋もざらにある。この「スイート」だが、恋人と甘く優雅なひと時を過ごす部屋という意味だと思っていた人も、多いのでは?

スイートルームのスイートは「suite」。日本語にすると「一揃《ひとそろ》い」で、複数の部屋が隣接した客室のことをいう。寝室だけでなく、リビングやダイニングルームもあり、家具も豪華。

このように、「必要な家具や部屋が一通り揃っている」ことを表すために、suiteと付けたのが名称の由来だ。

「甘い(sweet)」時間を楽しむための部屋ではないので、くれぐれも勘違いしないように。

覚え違い
29

一世を風靡《ふうび》した
ディスコ
「ジュリアナ東京」は
バブル時代の象徴
とはいえない。

覚え違い29解説

オープンは、バブル崩壊後の1991年

日本のバブル期の象徴のように語られているのが、伝説のディスコ「ジュリアナ東京」だ。ボディコン（ボディラインを強調した服）に身を包んだワンレングスの女性が、お立ち台に上がり、「ジュリ扇《せん》」という羽根付きの扇子を振って踊った。最盛期、最寄り駅の田町駅芝浦口は、ギャルたちでひしめき合うほどだった。

そんなジュリアナ東京が開店したのは、バブルが崩壊した1991年。バブル期全盛のディスコの代表といえば、麻布十番マハラジャや青山のキング&クイーン。つまり、ジュリアナ東京はバブルの余熱で盛り上がっていたにすぎないのだ。

一時は社会現象にまで発展したものの、不況の足音は容赦《ようしゃ》なく近づいてきて、1994年に閉店。約3年足らずの短いムーブメントであった。

覚え違い
30

ワンレングスは
ロングである必要はなく、
ショートスタイルでも
ワンレングスと呼ぶ。

前から後ろまで、同じ長さで揃えた髪形

バブル時代に大流行したのが、ボディコンとワンレングスの髪形。当時はほとんどの女性がロングのストレートスタイルだったので、「ワンレンといえばロングヘア」というイメージが強い。

しかし、ワンレングスの定義は、前髪から後ろ髪までを同じ長さに切り揃えること。つまり、ロングである必要はないのだ。

ワンレングスには、ショートヘアの「ワンレンショート」、あご先までの「ワンレンボブ」、セミロングスタイルの「ワンレンミディアム」など、さまざまなタイプがある。もちろんストレートである必要もなく、髪の巻き方やウェーブのかけ方でアレンジができる。

女性にとっては「いまさら感」の強い知識だろうが、バブルを謳《おう》歌《か》した男性の中には覚え違いをしている人も多いはずだ。

覚え違い

31

星飛雄馬《ひゅうま》の父・一徹《いってつ》は
原作では「ちゃぶ台返し」を
一度しかしていない。

覚え違い 31 解説

テレビアニメでは2回ひっくり返している

野球アニメ『巨人の星』の主人公・星飛雄馬の父親が星一徹。父・一徹の代名詞が「ちゃぶ台返し」だが、原作の漫画では一度しかしていない。

そのシーンがあるのは、第1話「大リーグボール養成ギプス」。しかもわざとではなく、飛雄馬をビンタする拍子に体が当たったものだ。このシーンはアニメの第2話「悪魔のギプス」でも再現され、その後は番組のエンディングで何度も繰り返された。そのせいで、一徹＝ちゃぶ台返しのイメージが定着する。

なお、アニメでは第120話「飛雄馬への予告」の回想シーンにも、ちゃぶ台返しが登場する。しかし、これも飛雄馬を叱《しか》る勢いでひっくり返ってしまったもの。怒った一徹がわざとちゃぶ台をひっくり返したことは、一度もないのだ。

覚え違い

32

オリンピックの金メダルは純金ではなく、「金メッキ」。

覚え違い 32 解説

銀製のメダルを金でメッキ

オリンピック・パラリンピックの各種目で1位の選手に贈られる金メダル。だが、その材質は純金ではなく、主要な材質は「銀」だ。

1912年のストックホルムオリンピックまでは、純金製のメダルが使われていた。それ以降は銀製となり、2021年の東京オリ・パラの金メダルも、銀に6グラム以上の金をメッキしたもの。つまり、正式には「金メッキメダル」なのだ。

銀製になったのは、開催国の負担軽減のためだ。現在、競技数は33。種目数は平均300を超えている。それだけの純金メダルを作るのはかなりの負担であり、発展途上国が開催国になれば先進国以上に困難だ。そんな財政的負担を減らすべく、銀製になったのだ。

実は銀メダルも純度が1000分の925という、銅を混ぜた銀合金。銅メダルにも銅に亜鉛やスズが含まれている。

覚え違い

33

ジーンズの
デニム生地の産地は
アメリカではなく、
フランス。

覚え違い 33 解説

デニムは「ニーム地方の生地」という意味

ブランド物の洒落《しゃれ》た製品も出回っているジーンズだが、本来は作業ズボン。発祥の地はアメリカだ。だが、ジーンズの生地であるデニムそのものの産地は、アメリカではなくフランスなのだ。

フランスのニーム地方は古くから織物業が盛んな地で、18世紀ごろから丈夫な生地をヨーロッパ各地に輸出していた。その生地の名前が「サージ・デ・ニーム」。

ニーム原産の綾織《あやおり》生地を意味し、これが略されてデニムになったという。このデニムを使ってリーバイス社が開発したのが、ジーンズなのだ。

発売されるや、1848年からのゴールドラッシュに沸く北アメリカの鉱夫たちの間で、爆発的なヒットとなる。つまりジーンズは、フランス生まれのアメリカ育ちと言えなくもない。

覚え違い
34

カメレオンが体の色を変化させるのはカモフラージュのため、だけではない。

覚え違い 34 解説

感情表現や威嚇など理由はさまざま

体色を変化させることで有名なカメレオン。これまでは、周囲の環境に擬態《ぎたい》するためとされてきたが、近年の研究によって、カモフラージュだけが目的ではないとわかった。

変色を引き起こすのは、カメレオンの感情だ。交尾に挑むときは体が明るくなり、ストレスがかかると暗い色になって威嚇《いかく》する。緑色は平静でいるときの色だという。また体温を調節するために、色を変えるとも考えられている。

こうした変化は、従来は体内色素の働きで起こるとされていた。だが、スイスのジュネーブ大学の研究によると、変色は光の反射で起きるという。カメレオンの虹色素胞《こうしきそほう》（変温動物の色素細胞）内には「光結晶」という透明物質があり、これが光の反射角を変えることで、体色がさまざまに変化するのだ。

覚え違い

35

イナバウアーとは
上半身を反《そ》らす技
ではなく、
「足を前後に
大きく開く技」。

覚え違い35解説

トリノオリンピックの報道で誤解が広まる

フィギュアスケートの技として有名な「イナバウアー」。どんな技かと聞かれたら、多くの人は「上半身を大きく反らして滑る技」と答えるかもしれない。

しかし、イナバウアーは下半身の技だ。前後に足を大きく開いて片方の膝を曲げ、つま先を180度開きながら真横に滑る。77ページの写真は女性をリフトしながらのイナバウアーだ。上半身を反らせる技は「レイバック」である。

誤解が広まったのは、2006年のトリノオリンピックで荒川静香選手が金メダルを獲得したことにある。荒川選手はイナバウアーとレイバックの複合技を行ない、結果1位になったのだが、メディアはこれを「イナバウアー」と報道。当時の流行語大賞にもなったことで、イナバウアー＝上半身を反らす技、と誤解されたのだ。

覚え違い

36

漫画『Ｄｒ・スランプ』の主人公は
アラレちゃんではなかった。

覚え違い36解説

担当編集者との賭けに負けて、主人公に

漫画家・鳥山明氏の出世作が『Dr・スランプ』。主人公は人間型ロボットのアラレちゃんと思われがちだが、鳥山氏は、自称・天才科学者の則巻千兵衛《のりまきせんべえ》を主役に考えていた。そのため、第1話に登場するアラレちゃんは、幼児体形の2頭身ではなく少女らしいスタイルで描かれている。

実は、鳥山氏はアラレちゃんを1話だけ登場させる予定だった。しかし、担当編集者の鳥嶋和彦氏はアラレちゃんを主役にするように主張し、女の子を主人公にした作品を描いて読者アンケートが3位以内だったらアラレちゃんを主人公にしようと、鳥山氏に提案。結果は3位で、鳥嶋氏に軍配が上がったのだ。

なお、テレビアニメは『Dr・スランプ アラレちゃん』だが、漫画は1984年の連載終了まで『Dr・スランプ』のままだった。

覚え違い

37

ご当地レトルトカレーの生産地。
それぞれの地元産ではなく、
「大阪産」が多い。

覚え違い 37 解説

ご当地カレーの2割が大阪産という事実

レトルトカレーは大手メーカーのものだけでなく、近年は地域の特徴を生かした「ご当地カレー」も発売されている。当然、「ご当地」なのだから各地元産だろう……と思いきや、その2割は大阪産だ。

その2割を手がけているのが、大阪市鶴見区にある「ベル食品工業」だ。日本初の固形カレールウを開発したという企業でもあり、プライベートブランドのカレーを主に生産している。その数は約250種類というから驚く。

かつては大手企業の製品を下請けしていたが、薄利多売《はくりたばい》となるし自由な商品展開も困難。しかし自社生産なら、自由な販売と商品開発ができるので、オーダーメイド式のカレー生産を始めたという。

ご当地カレーのパッケージ裏の製造者欄を見れば、ベル食品工業の名前を見つける可能性は高いのだ。

覚え違い

38

シンデレラの履くガラスの靴は
カボチャの馬車などと一緒に
魔法で出されたものではなく、
魔法使いが持参したもの。

覚え違い 38 解説

午前0時を過ぎても消えなかったわけ

魔法の効果が消えてしまう！　シンデレラは午前0時の鐘の音を聞くと慌てて城から出て行った。しかし、残されたガラスの靴が手がかりとなり、無事に王子と結ばれる。

そんなハッピーエンドの童話『シンデレラ』だが、魔法が解けたのに、靴だけは残されたことに疑問を持つ人もいるだろう。種明かしは次の通りだ。

フランス人作家のシャルル・ペロー版『サンドリヨン（シンデレラ）』によると、舞踏会行きを継母《ままはは》に拒まれたシンデレラのために、魔法使いは、ボロ着をドレスに、カボチャを馬車に変える。しかしガラスの靴は魔法ではなく、魔法使いが直接与えたものだった。

そのため、午前0時が過ぎても、ガラスの靴だけは消えずに残ったというわけだ。

覚え違い

39

フォルクスワーゲンの「ゴルフ」は、スポーツのゴルフとは関係ない。

覚え違い 39 解説

自然に関する車名が多いVW

生産台数世界第2位の自動車メーカー、フォルクスワーゲン（VW）。その基幹モデルとされるのが「ゴルフ」だ。

この名前は「ゴルフバッグが積みやすい」「ゴルフに行くのに最適」という意味で名付けられたわけではない。その由来は、発売当時の購買部長の愛馬の名前というのが有力だ。ほかに、メキシコ湾流のドイツ語「Der Golfstrom」から、という説もある。

実は、VW社は自然に関する車名が多く、「パサート」は貿易風、「シロッコ」はサハラ砂漠に吹く熱風、「ジェッタ」はジェット気流を意味している。

ただ、全く関係がないわけでもなく、初期広告にはスポーツのゴルフを連想させるものもあり、ゴルフボール型のシフトノブを持つタイプも存在する。

覚え違い

40

パンダの好物は笹ではなく、
ウサギの好物はニンジンではない。

覚え違い40解説

パンダは雑食で、ウサギは牧草がお好み

パンダの好物は笹、ウサギはニンジンが大好き。そんな印象が強いが、パンダもウサギも好物は別にある。

確かにパンダは笹を食べるが、何も好きこのんで食べているわけではない。そもそもジャイアントパンダの消化機能は肉食性が強く、繊維質の多い笹や竹を充分に消化することはできない。

それでも笹を食べるのは、生存競争に負けて山岳地帯の奥地、つまり一年中、笹や竹の豊富な場所へ追い込まれてしまったからにすぎないのだ。

一方のウサギも主食は牧草。ニンジンは、あまり与えるべきではないともいう。糖質の多いニンジンを食べ過ぎると体調を崩しかねないためで、与えるのなら葉っぱの部分がよいという。

覚え違い

41

パンダのしっぽは黒ではなく「白」。

覚え違い41 解説

70年代に流行したマスコットキャラの影響か

パンダのしっぽは何色か？　と聞くと、多くの人は「黒色」と答えるかもしれない。ところが、答えは「白」である。現にジャイアントパンダの臀《でん》部《ぶ》に黒色の部分はない。それでも黒のイメージが強いのは、創作物の影響だという。

1972年のパンダ初来日に伴い、その前年から関連商品が多数発売された。その中の一つが「ルネパンダ」というキャラクターである。

イラストレーターでデザイナーの内藤ルネ氏が、イギリスで見たパンダをモデルに作り上げのだが、尻尾は黒になっていた。勘違いとも、「このほうがカワイイから」という判断で黒にしたともいわれるが、真相は不明。このルネパンダが大ヒットしたことで、世間に「パンダのしっぽは黒」というイメージが定着したのだ。

42

「フランケンシュタイン」は
怪物の名前ではなく、
誕生させた「科学者」の名前。

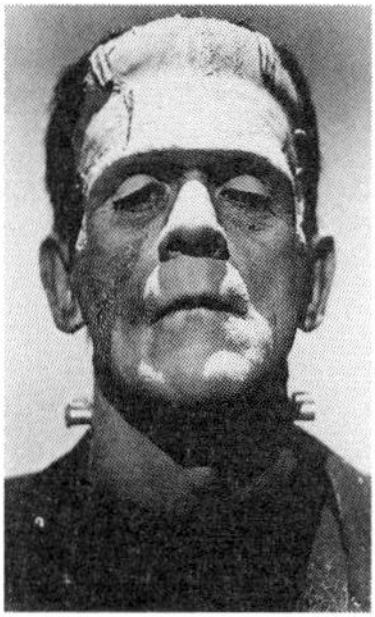

覚え違い 42 解説

怪物には名前がなかった

ドラキュラや狼男と並んで有名なモンスターが、人造人間の「フランケンシュタイン」。しかしその名は、人造人間を生み出した科学者の名前であり、原作の原題『フランケンシュタイン、あるいは現代のプロメテウス』からとられたものなのだ。

そのあらすじは、科学者フランケンシュタインが、生命の神秘を解き明かすべく科学や錬金《れんきん》術を駆使して人造人間を作り出したが、あまりに不細工だったので放逐《ほうちく》した。やがて人造人間は人の愛を求め、さまざまな騒動を引き起こすというもの。

その後、同作品を題材にした映画・演劇により、フランケンシュタイン＝怪物の名称と誤解されていく。また、原作の科学者は大学生で博士号は持たないため、「フランケンシュタイン博士」というのも誤り。こちらも映画などの影響を受けたようだ。

覚え違い

43

金字塔とは
「金の文字が彫られた塔」
ではなく、エジプトの
ピラミッドのこと。

覚え違い 43 解説

ピラミッドが「金」という字に似ていたから

後世に残るほど優れた業績を指すのが「金字塔」。その名前から、偉人や偉業を「金の文字で刻んだ塔」と思うかもしれないが、実はエジプトのピラミッドを指す。

ピラミッドを「金字塔」と呼んだのは、その姿形が「金」の字に似ているから。言葉自体は明治時代の1886年に、思想家で評論家の徳富《とくとみ》蘇峰《そほう》の文章に現れている。

そんな時代にエジプトの情報をどうやって手に入れたのかというと、実は幕末の1864年に江戸幕府の遣欧使節団がエジプトに立ち寄り、スフィンクスの前で記念写真まで撮っている。

明治時代の日本に、ピラミッドという巨大建造物に関する情報が流入していたとしてもおかしくはない。

覚え違い

44

**名画『モナ・リザ』の
モナ・リザとは
モデルのフルネーム
ではなく、
「リザ夫人」という意味。**

覚え違い44解説

モナはマドンナの丁寧語

『モナ・リザ』といえば、16世紀イタリアの天才、レオナルド・ダ・ヴィンチが手がけた油彩画だ。神秘的な笑みを浮かべる女性の肖像画は、レオナルドの傑作として名高い。

さて、この絵のタイトルにもなっているモナ・リザだが、これをモデルの女性のフルネームだと思っている人は多いだろう。しかし、女性の名前は「リザ」だ。

「モナ（monna）」とは、イタリア語の「マドンナ（madonna）」の丁寧語。madonnaは、貴婦人を意味するdonnaと強調語のmaを合わせた言葉。これを短縮し、より丁寧にしたのがmonnaなのだ。

英語でいえば「マダム」や「マイレディ」、日本語では「夫人」や「奥様」がこれに当たる。つまりモナ・リザとは、「リザ夫人」という意味なのである。

覚え違い

45

キャノンではなく「キヤノン」、ブルドッグソースではなく「ブルドックソース」が正しい。

覚え違い 45 解説

企業はあえて小文字や濁点《だくてん》を使わないことも

プリンターやカメラのメーカーはキャノン、マヨネーズならキューピー、スタンプのいらない印鑑はシャチハタ。これらの「読み」は間違いではないが、問題は表記で、それぞれ「キヤノン」「キユーピー」「シヤチハタ」と記す。

小文字ではない理由は、横書きにした際、社名の上部に空間ができるのを避けるようデザインを考慮したため、とされている。

ほかにも、ビックカメラの「ビック」はbigではなく、バリ島の言葉で「中身をともなった大きさ」を意味するbicを由来とし、ブルドックソースもドッグではなく「ドック」。

ブルドッグ（bulldog）が由来だが、「社名に濁点《だくてん》が続くのはいかがなものか」という理由でドックになったという。

覚え違い

46

祝日を制定する法律はあるが、「祭日」は法律で定められてはいない。

覚え違い46解説

祝祭日という呼び名も、厳密には間違い

祝祭日とも呼ばれるように、祝日と祭日は同一視されやすいが、本来は別物だ。祝日とは「国民の祝日に関する法律」によって定められた国の記念日をいうが、祭日を制定した法律は存在しない。

そもそも祭日とは、皇室や神社で祭儀を行なう日のことをいう。戦前では「皇室祭祀令《さいしれい》」で国民の休日に定められていた。しかし政教分離の原則から、1947年の日本国憲法施行で廃止される。日常的に使われる祝祭日という呼び名も、法的には存在しない。

ただ、現在の祝日には祭日を一部流用している。建国記念の日（2月11日）は初代神武《じんむ》天皇が即位したとされる戦前の紀元節《きげんせつ》、勤労感謝の日（11月23日）は宮中祭祀《きゅうちゅうさいし》の新嘗祭《にいなめさい》を受け継ぐ。

法律では定められていないものの、かつての祭日は現代に受け継がれているのである。

覚え違い

47

日本で最大の砂丘は鳥取砂丘ではなく、「猿《さる》ケ《が》森《もり》砂丘」。

覚え違い47解説

面積は鳥取砂丘の約30倍だが…

砂漠は雨が極端に少ない、もしくは降る雨より蒸発量が多くて砂や岩石の多い地域を指し、砂丘は風で運ばれた砂が作る丘をいう。日本で最も有名な砂丘といえば鳥取砂丘で、これが日本で最大だと思っている人は多い。だが、これよりも巨大な砂丘が青森県の「猿ヶ森砂丘」だ。砂丘の面積は約1万5000ヘクタールで、鳥取砂丘の30倍もの大きさである。知名度が低いのは、防衛装備庁の敷地内にあって一般の人は入れないからだ。

では、日本に砂漠は存在しないのか？　というと、国土地理院によって認められた砂漠が二つある。伊豆大島（東京都）の東側にある「裏砂漠」と隣接する「奥山砂漠」だ。

ただ、伊豆大島は降水量が多いため、裏砂漠も奥山砂漠も厳密には砂漠ではないともいわれている。

覚え違い

48

飲食店の経営に
「調理師免許」は不要。
エステ店も無資格で開業できる。

覚え違い48解説

調理の実技は問われない調理師免許

飲食店を開業するには調理師免許が必要と思われがちだが、必須ではない。必要なのは「食品衛生責任者」の資格であり、各都道府県が開催する講習会を受講するだけで得られる。

また、専門学校などで学ぶ以外に調理師免許を取得するには、試験に合格する必要があるが、筆記試験のみ。実技は問われず、「中学校卒業以上で、飲食店や施設などで2年以上、調理業務の経験がある」なら、バーでも喫茶店でも、飲食業の営業許可を得た店であれば受験は可能だ。

また、エステ店を開業するにも国家資格は必要なく、マッサージも「もみほぐし」であれば不要である。開業届さえ出せば、店を開けられる。「回春エステ」などのいかがわしい店が存在するのも、そのためだ。

覚え違い

49

『ガリヴァー旅行記』の主人公であるレミュエル・ガリヴァーは、巨人ではない。

覚え違い 49 解説

最も有名な話が小人国「リリパット」

ガリバーサイズやガリバー企業など、巨大なことの例えとして用いられるのが「ガリバー」。

このガリバーは、1726年に刊行された『ガリヴァー旅行記』の主人公レミュエル・ガリヴァーから来ている。だが、ガリヴァー自身はけっして巨人ではなく、一介の医師である。

彼は船医として乗り込んだ船でさまざまな国を旅するが、有名なのが第1篇の「リリパット国渡航記」。小人の国「リリパット」での出来事が読者に強い印象を与え、また装丁に用いられることが多かったために、ガリヴァー＝巨人というイメージが根付いたようだ。

ガリヴァーはリリパットのほかにも、巨人国「ブロブディンナグ」、馬の国「フウイヌム」、そして第3篇では空飛ぶ島「ラピュータ」や、なんと日本にも来航しているのだ。

覚え違い

50

体温が37度でも「発熱している」わけではない。

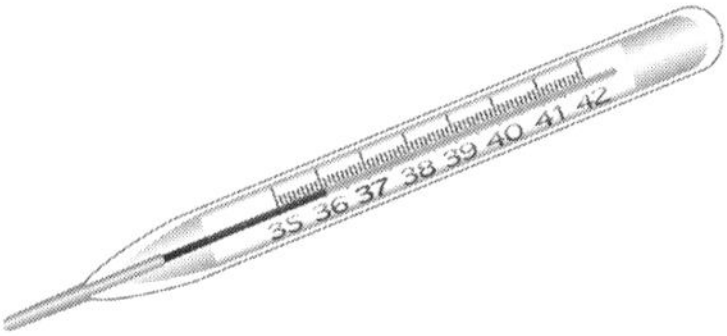

日本人の平均体温は36・6〜37・2度

平熱か発熱かを判断するとき、基準とされる体温が37度だ。しかし、37度はけっして発熱状態ではない。これは、かつての体温計から生まれた誤解なのだ。

現在はデジタル式が主流だが、それまでは水銀体温計が一般的だった。水銀体温計の多くは37度が赤で示されていて、これを超えると「熱が出ている」といわれていた。

だが、37度は、水銀体温計が作られた明治時代の日本人の平均体温。そして平熱とは、健康な状態で安静時に、決まった部位を決まった方法で測定した温度をいう。

日本人の7割は、体温が36・6度から37・2度の間とされ、37度は平均的な平熱の範囲内といえるのである。

覚え違い
51

耳の中の三半規管《さんはんきかん》
の区切り方。
「三・半規・管」か、
「三・半規管」が正しい。

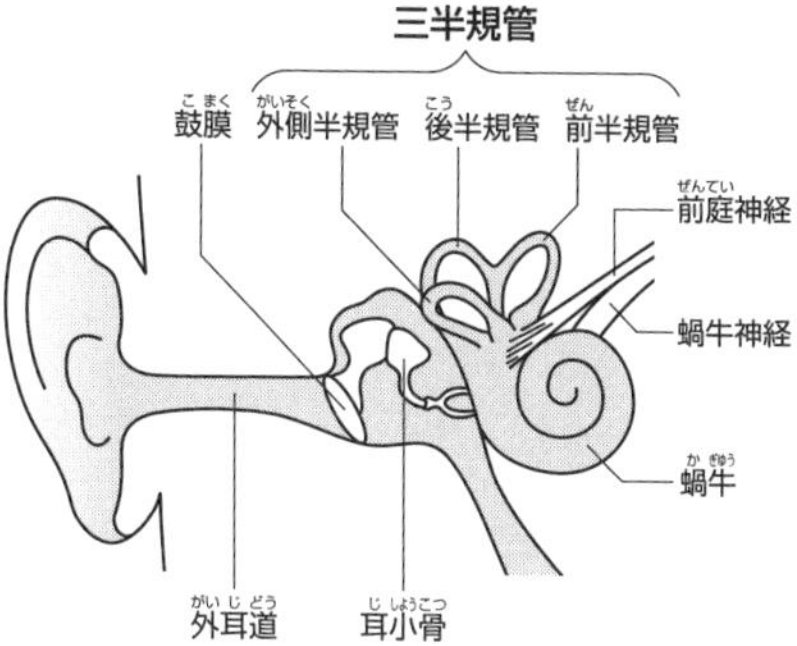

覚え違い 51 解説

「3つの半規の管」、もしくは「3つの半規管」

耳の中にあって平衡感覚を保つための器官が「三半規管」。「三半・規管」と区切って読む人も多いかもしれないが、本来の区切り方は「三・半規・管」。もちろん「三半・器官」ではない。

三半規管は、内耳の中の「半規管」という管で構成されていて、「半円型（半規）の管」が名前の由来だ。

その「半規管」は「外側（水平）半規管」「前（上）半規管」「後半規管」の3種があり、総称が「三半規管」。つまり、「3つの半規の管」なので、「三・半規・管」と区切るのが、最も語源に合っているのだ。

ただ、現在では「半規管」自体が器官の名前として定着しているので、「三・半規管」と分けるのが正しいとされている。

覚え違い

52

抗生物質の区切り方は「抗生・物質」ではなく、「抗・生物質」。

覚え違い52解説

生物由来の毒素に「抗う」ことを表す

体内の細菌や寄生虫を殺す、あるいはその成長を抑える物質が「抗生物質」だ。厚生労働省によると、抗生物質は微生物由来の化学物質で構成された薬品を指し、人工的に調合された物質は「抗生剤」と呼ばれる。

そんな抗生物質を、「抗生・物質」と区切る人は多いだろう。しかし本来の区切り方は「抗・生物質」だ。

抗生物質の英語名は「Anti Biotics」で、Antiは「抵抗」、Bioticsは「生命や生物」を意味する。抗生物質が作用するのは細菌感染症や寄生虫だが、そうした「生物の有害物質」に「抗《あらが》う」ことが、英語表記の意味だ。

したがって、「抗・生物質」と区切るのが、最も語源に沿っているといえる。

覚え違い

53

マラソンの距離が
42・195キロになったのは
「古代ギリシャの
逸話が起源」ではなく、
第4回ロンドン大会
がきっかけ。

覚え違い53 解説

イギリス王妃のわがままで決定

マラソンの起源が、ペルシア戦の勝利報告のため、古代ギリシャの兵士がマラトンからアテナイまで走ったことにあるのは有名な話。そのため42・195キロは、兵士が実際に走った距離だと思っていた人が多いだろうが、当初は「約40キロ」という曖昧《あいまい》なルールで実施していた。

マラソンが42・195キロになったのは、1908年の第4回ロンドン大会でのことである。

アレキサンドラ王妃が「スタートは城の窓から見えるように宮殿の庭から、ゴールはボックス席の前にしてほしいわ」と言った結果、当初予定された42キロよりも距離を延長。そして距離を固定することになった第8回パリ大会から、正式な競技距離として採用された。

すなわち、王妃のわがままがマラソンの距離を固定させたのだ。

覚え違い

54

『ウィー・アー・ザ・ワールド』をリリースした「USAフォー・アフリカ」のUSAはUnited States of Americaの略ではない。

覚え違い 54 解説

正しくは「United Support of Artists」

1984年、エチオピアの飢餓《きが》救済のためイギリスとアイルランドのミュージシャンが集まって「バンドエイド」が結成される。その翌年にアメリカで結成されたのが「USAフォー・アフリカ」で、リリースされた楽曲が『ウィー・アー・ザ・ワールド』だ。翌年には、チャリティーコンサート「ライヴエイド」が開催された。

これらを知らない世代でも、大ヒット映画『ボヘミアン・ラプソディ』のラストに映し出される、ライヴエイドのシーンを覚えている人は多いだろう。

そんなスーパープロジェクトであるUSAフォー・アフリカだが、「アフリカのためのアメリカ」という意味ではない。このUSAはUnited States of Americaの略ではなく、正確にはUnited Support of Artists。「アーティストが合同して支援する」という意味なのだ。

覚え違い

55

印鑑とハンコは
同じものではなく、
「印鑑を押す」という
表現も間違い。

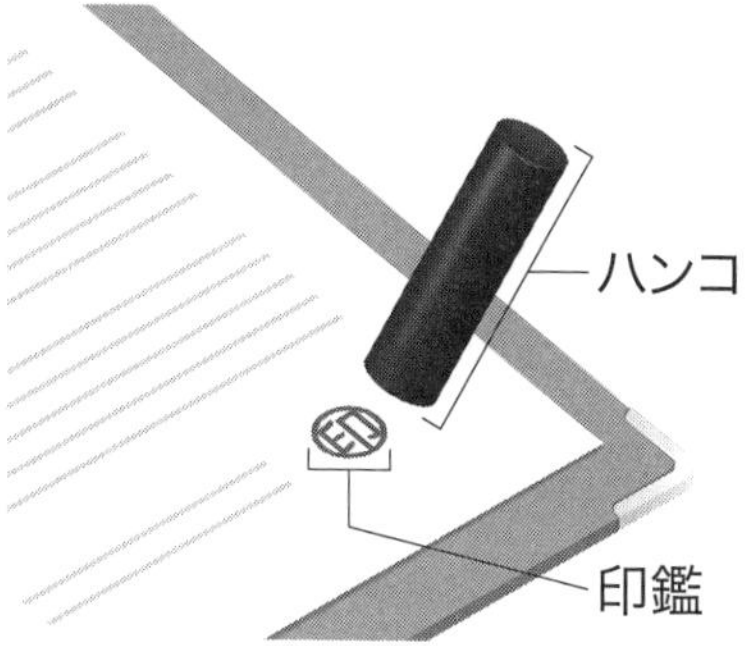

覚え違い 55 解説

印鑑は印影、ハンコは実物

新型コロナウイルスの影響もあり、在宅ワークが広がる昨今。デジタル化を進めるため押印を排除する動きも出ているが、まだまだ根強く支持されているのが「判子（ハンコ）」である。

このハンコは「この書類に印鑑をお願いします」というように、「印鑑」と同一視されることがほとんど。しかし本来、ハンコと印鑑は別物である。

ハンコとは周知のとおり、先端にインクや朱肉を付けて書類などに押す道具。「印章」という別名もある。一方の印鑑は「印影」と同じ意味で、ハンコを押した紙に残るインクや朱肉跡のことをいう。

したがって、役所に届ける「印鑑登録」は、ハンコそのものではなく印影を登録していることになる。極端な話をすれば、印影が全く同じなら別のハンコであってもいいわけだ。

覚え違い

56

「一人で爆笑する」
ことはできず、
失笑は「呆《あき》れた苦笑い」
ではない。

覚え違い56解説

一人で大笑いしても爆笑にはならない

大笑いすることを意味する「爆笑」だが、使う場面は限られている。爆笑の本来の意味は、「大勢の人間が笑う」こと。そのため、一人で爆笑することはできない。

同様に誤用されがちなのが「失笑」だ。たとえば「彼の失敗に呆れて失笑する」という言い方は、間違っている。失笑の意味は「面白すぎて笑いが漏《も》れる」こと。突拍子もない言動に、「くすっ」と笑ってしまうような状態をいうのだ。

呆れたときに漏れる笑いは「苦笑」である。苦笑は「滑稽《こっけい》すぎて苦笑いすること」。呆れかえった笑い顔を表すには、もってこいだろう。

なお、相手を見下す笑いは「冷笑《れいしょう》」「嘲笑《ちょうしょう》」である。笑いにはさまざまな種類があるのだ。

覚え違い

57

「大学校」と「大学」は同じものではなく、所管省庁も教育内容も別々。

覚え違い 57 解説

大学は文科省、大学校はそれ以外の教育機関

日本の「大学」は、高等学校を略した「高校」のような「大学校」の略称ではなく、正式名称。そして、全国には「大学校」と呼ばれる教育施設も存在する。

大学とは、文部科学省が設置・管轄《かんかつ》する最高教育機関のこと。4年の教育期間を原則とし、学部に応じた学位が卒業時に授与される。

一方の大学校は文部科学省の管轄外である教育施設をいい、防衛省管轄の「防衛大学校（防大）」（121頁）、海上保安庁管轄の「海上保安大学校（海保大）」などがある。

大学校の定義は法で規定されていないので、民間の施設が大学校を自称することも可能だ。ただし、学士などの学位を修得できるのは防大、海保大を含めた7大学校だけ。とくに民間の大学校は、専門学校と同じと捉えたほうがいい。

覚え違い

58

ウラジオストクの区切りは「ウラジオ・ストク」ではなく、「ウラジ・オストク」。

覚え違い58解説

地名や都市名の由来を知れば、正しく区切れる

意外な区切られ方をされる都市や地名は多々ある。たとえば、シベリアのウラジオストク。「ウラジオ・ストク」と区切られがちだが、正しくは「ウラジ・オストク」だ。地名の由来が、支配を意味する「ウラジ」と東を指す「ヴォストーク」を合わせたものだからだ。なお、「ウラジオストック」とも呼ばれるが、原語の発音にならえば「オストク」のほうが近い。

南米のプエルトリコは「プエルト（港）」と「リコ（豊か）」を合わせた名なので「プエル・トリコ」ではなく「プエルト・リコ」。また、「クアラルン・プール」と区切られがちなマレーシアの首都クアラルンプールも、「合流地（クアラ）」と「泥の（ルンプール）」を合わせて「クアラ・ルンプール」である。

名前の成り立ちがわかれば、おのずと正しく区切れるのだ。

覚え違い

59

黄色信号の意味は
「注意して進め」ではなく、
「止まれ」。

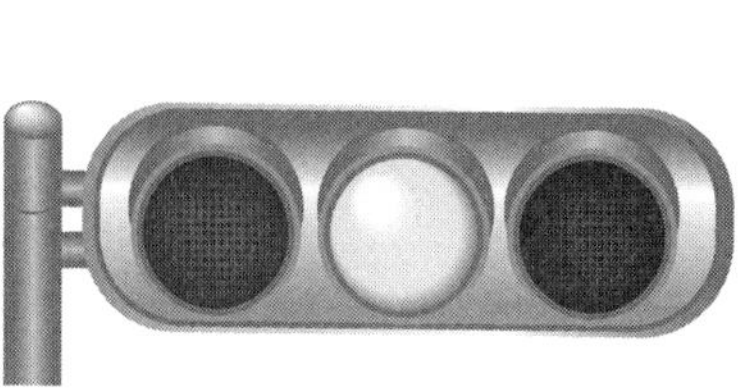

点滅する青信号も「注意して進め」ではない

青信号は「進め」、赤信号は「止まれ」。では、黄色信号は？

答えは「注意して進め」ではない。「止まれ」である。

道路交通法施行令第2条によると、黄色の灯火（信号）は「車両及び路面電車は、停止線をこえて進行してはならない」としている。ただし、横断中や車両が停止線で止まれない場合は進行が許可されている。このやむを得ない場合のみの進行許可を、「気をつけて進んでもよい」と勘違いされたのだ。

なお、歩行者用信号機での青信号の点滅も、「注意して進め」ではなく「横断中の歩行者以外の横断禁止」だ。

もちろん、これらの規定に違反すると、信号無視で処罰の対象となる。「黄色だったから進んだ」「青信号が点滅中なので進んだ（渡った）」は言い訳にならないので、ご注意を。

覚え違い

60

「クリアーファイル」と
呼ばれているものの
正式名称は
「クリアーホルダー」。

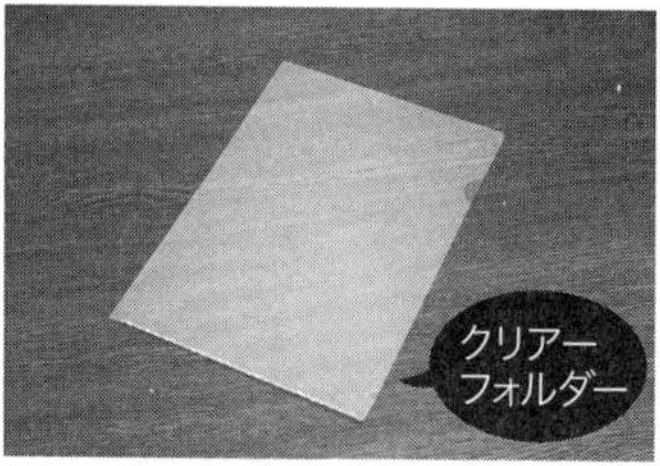

ずっと間違っていたなんて

覚え違い60 解説

クリアーファイルは「ポケットがあるファイル」

上部と右側面が開いていて、そこから書類を挟み入れて保管する透明な2枚重ねのシートは、一般的に「クリアーファイル」と呼ばれる。だが、正式名称は「クリアーホルダー」である。

日本ファイル・バインダー協会によると、書類を挟むだけのタイプはホルダーと呼ばれ、これは書類を「ホールド（摑《つか》む）」するからだという。

厳密にクリアーファイルと呼ばれるものは、中に多数のポケットがあるタイプ。透明なポケットに上部から書類を挿入して、ファイル分けをする冊子状の道具が、本来のクリアーファイルなのだ。

ちなみに、クリアーホルダー（ファイル）には開放部の下部に三角の切れ込みが入っている。これは開くときに裂けるのを防ぐためで、名前も「裂け止め」だ。

覚え違い

61

DVDの正式名称は「デジタル・ビデオ・ディスク」ではなく、「デジタル・バーサタイル・ディスク」。

覚え違い61 解説

「多目的の光ディスク」という意味

映画やドラマをオンラインで楽しむ人が増えはしたものの、現在でも記録媒体として重宝されているのが、ＤＶＤだ。このＤＶＤを「デジタル・ビデオ・ディスク」の略だと思っている人は多いだろう。だが、正式名称は「デジタル・バーサタイル・ディスク（Digital Versatile Disc）」である。

バーサタイルとは「用途が広い」「多目的」という意味。直訳すれば「デジタル多目的ディスク」だ。

ＤＶＤが登場するまでデジタルの記録媒体はＣＤが主流だったが、容量が少なく長時間の映像を記録できない。アナログのＶＨＳテープでは画質に問題がある。

そこで、ＣＤ並みの画質とＶＨＳテープ並みの長時間記録が求められ、ＤＶＤが開発されたのだ。

覚え違い
62

イランは中東の一部でイスラム国家だが、アラブの一員ではなく「ペルシア」である。

覚え違い 62 解説

ペルシア語を話す別の文化圏

イランの正式名称は「イラン・イスラム共和国」で、中東にある。そのため、同じ中東のイスラム国家のイラクやサウジアラビアのように「アラブ諸国」の一員だと思われがちだが、そうではない。

アラブ諸国の定義は「アラブ語を話すアラビア人が住む地域」だ。政治的には「アラブ連盟」への加盟国を指す場合が多い。そしてアラブ諸国は中東だけでなく、北アフリカのエジプトやアルジェリアも含まれる。しかし、イランの主要言語はペルシア語で、住む人々もペルシア人だ。

さらに、アラブ諸国ではイスラム教のスンニ派が多数なのに対して、イランはシーア派。シーア派を国教としているのはイランだけである。この民族と宗派の違いにより、イランはアラブに含まれないのだ。

覚え違い

63

「最高学府」とは
東京大学を
指すのではなく、
大学すべてを指す。

覚え違い 63 解説

「血税」も税金のことではない

「最高学府」とは、国で最も高度な学問を学ぶ教育機関のこと。日本でいえば「東京大学」がこれに当たると思うかもしれないが、本来の意味は「大学全般」だ。

日本において、最上位の高等教育機関は大学である。そのため偏差値の高低にかかわらず、大学こそが日本の最高学府として扱われている。東大はその中の一つでしかない。

同じように、国の制度で誤解されやすい用語が「血税」だ。現在は「国民が払う貴重な税金」という意味で使われがちだが、本来の意味は「兵役」である。1872年に出された徴兵告諭に、「(国民が)生血を以《もっ》て国に報する」とあったことから定着した。

しかし、1945年に徴兵制度が廃止されると、税金を強調した言葉として使われるようになったのだ。

覚え違い

64

「無期懲役刑なら10年収監されれば仮釈放で出てこられる」は、間違い。

覚え違い64解説

仮釈放率は全無期刑者の0・01%以下

死刑さえ免《まぬか》れれば、無期懲役でも10年おとなしくしていれば仮釈放で出てこられる――。そんな話を聞くこともあるが、仮釈放のハードルは高い。

刑法第28条では、10年を経過した無期刑の受刑者は、行政の判断で仮釈放されると記載されている。だが有期刑の上限は30年なので、仮釈放の審理も30年を経過してからなされる。これは、有期刑の最大年数を過ぎてから行なうべきとの考えによるものだ。

そして30年たったとしても、仮釈放の可能性はゼロに近い。2020年時点での仮釈放者は、無期刑受刑者数1744人のうち14人。全無期刑者の0・01%にも満たず、うち8人が再申請者だ。

仮釈放者の平均在所期間は36・5年で、仮釈放時の年齢は平均60歳。現代の無期懲役は、事実上の終身刑といえるのだ。

覚え違い
65

半身浴には、
ダイエット効果も
デトックス効果も
存在しない。

覚え違い65解説

1時間以上浸かっても、カロリー消費は皿洗い以下

手軽なダイエット法として行なわれる「半身浴」。腹の下あたりにまで張ったぬるめの湯に数十分浸かる入浴法だが、実はダイエット効果はない。

汗を大量にかくので健康によさそうだが、消費カロリーは100分の入浴で16キロカロリーほど。20分のジョギングで消費されるのが約120キロカロリーとされるので、その10分の1程度しかない。10分で20キロカロリーの皿洗いよりも少ないのだ。

しかも、汗で排出されるのも大半が水分と塩分。体内から毒素を追い出す、いわゆる「デトックス効果」もない。ただ上半身に水圧がかからないため、心臓や肺が弱い人にはメリットがあるという。

風呂に入るだけで痩《や》せられ、さらに毒素まで追い出せる楽な方法はないのだ。

覚え違い
66

スマホの充電は
「残量表示がゼロになるまで
使い切ってから」は間違い。

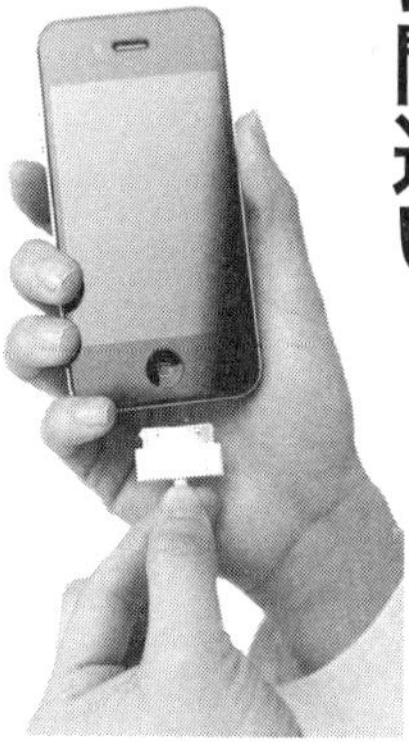

覚え違い66解説

使い切らなくても寿命は縮みにくい

スマホを充電するときは、「残量表示がゼロになるまで使い切らないと、バッテリーの寿命が縮む」といわれてきた。しかし、最近のスマートフォンなら、継ぎ足し充電でも大丈夫。なぜなら、スマホのリチウムイオン電池は寿命が縮みにくいからだ。

リチウムイオン電池はエネルギー密度が高いので、これまでのニッケル・カドミウム電池と違い、内部の電圧が自動で落ちる「メモリー効果」が起こらない。したがって、継ぎ足し充電をしても容量への悪影響はほとんどないのである。

ただし、リチウムイオン電池は衝撃や熱に弱い。暑い場所に長時間放置すると機能が弱り、充電効率も下がることがある。ショートの危険もあるので、スマホを暑い場所で充電するのは避けたほうがいい。

覚え違い

67

円形脱毛症の原因はストレスだけではなく、遺伝やアトピーでも発症する。

覚え違い 67 解説

ストレスは要因の一つでしかない

コイン程度の大きさで髪の毛が抜ける「円形脱毛症」は、ストレスが原因というのが通説だ。だが現在では、ストレスは症状を引き起こす要因の一つでしかないといわれている。

円形脱毛症は、自己免疫反応の暴走によって髪の細胞が破壊されて起きると考えられている。その暴走はストレスが引き起こすとされてきたが、最近の研究では、患者のうち4割ほどが遺伝性の自己免疫疾患であることが判明している。

またアトピー性皮膚炎の患者も発症しやすく、風邪や疲労による免疫の混乱、頭部の外傷も原因になりやすい。

ストレスは主要な原因ではあるが、悩む前に医師の診断を受けることをおすすめしたい。

覚え違い

68

**かき氷のシロップは
見た目と匂いが
違うだけで、
すべて同じ味。**

覚え違い68解説

嗅《きゅう》覚と視覚によって脳が錯覚を起こしている

最近はトッピングやシロップに凝《こ》ったかき氷も多いが、縁日の露店や海の家などで売られるシンプルなかき氷も根強い人気がある。

そんなかき氷にかけるシロップといえば、イチゴやメロン、レモンにブルーハワイなどが定番だ。ただし、これらのシロップの味はすべて同じ。原材料である果糖ぶどう糖液糖に、香料と色素を加えたものなのだ。

人間は食べ物の味を舌だけでなく、目や鼻から取り入れた情報の影響も受けて判別する。この、いくつかの異なる知覚が影響を及ぼし合うことを「クロスモーダル現象（効果）」という。

たとえばイチゴシロップなら、イチゴのような香りと色が味覚に影響を及ぼし、味が同じであっても「イチゴ味」とみなす。つまり、脳が錯覚《さっかく》を起こしているのだ。

覚え違い

69

掃除機は
前に押すときでなく、
「後ろに引く」ときに
力を入れるのが正解。

覚え違い69解説

引くときにゴミが吸い込まれる構造になっている

掃除機のＣＭでは、よく片手でヘッドを前に押す姿が強調される。だが、これは性能をよく見せるための演出。掃除機の動かし方としては、「押す」よりも「引く」が大事なのだ。

掃除機のヘッドには裏側にローラー・ブラシが付いていて、一部の高級品を除けば、手前に引く際に回転するようになっている。この動作によってゴミを浮かして吸い込むため、構造的には引くときに力を入れるべきなのだ。左右に動かすのは論外である。

正しい掃除機のかけ方は、まずは軽く押してローラーを突き出し、引くときに力を込めてゆっくり動かす。するとローラーの回転で浮き出したゴミがスムーズに吸い込まれていく。

このように「引く」を意識するのが効率的なのだ。

覚え違い

70

料理で出る灰汁《あく》は
必ずしもまめに取らなくてもいい。

取り除くともったいないことも…

鍋料理や煮込み料理のときに、丹念に灰汁をすくう人がいる。確かに見た目はよくないが、それほど神経質になる必要もない。というのも、野菜の下ごしらえのときに取り除くと、かえって栄養価が落ちてしまうことがあるからだ。

ゴボウやイモ類の灰汁には毒性がなく、抗酸化作用のあるタンニンが含まれている。また肉や魚類の灰汁にはアミノ酸やビタミン類、タンパク質などの栄養が溶け出しているので、害は全くないどころか、体によいとさえいえる。

ただし、野菜の中には苦みの原因にもなり、健康を害することになるものもある。とくにホウレン草の灰汁は、結石の原因になるシュウ酸が混じっているので、必ず取り除くように心がけたい。

覚え違い

71

ウナギの旬は
土用の丑《うし》の日がある
夏ではなく、
「秋から冬」。

覚え違い 71 解説

冬眠用の栄養が体に溜《た》め込まれる時期

ウナギが一番食べられるのは、夏（7月下旬）の「土用の丑の日」だ。そのため、旬も夏ごろだと思われがちだが、ウナギの旬は秋から冬にかけてである。

10月から12月にかけて、ウナギは冬眠のためにたっぷりと栄養を蓄える。体に脂がのるので、味もより深みが増すというわけだ。

土用の丑の日にウナギを食べるのは、江戸時代の博物学者・平賀《ひらが》源内《げんない》の宣伝コピーが定着したから。もしくは、「う」の付くものを食べると夏バテにならないという言い伝えから。けっして、ウナギが食べごろだからではない。

ちなみに、土用は立春、立夏、立秋、立冬の直前の約18日間をいい、その期間中の丑の日が「土用の丑の日」。夏だけでなく、春秋冬にも土用の丑の日はあるのだ。

覚え違い

72

「フェチ」には
性的な意味があるが、
「性癖」には
性的な意味はない。

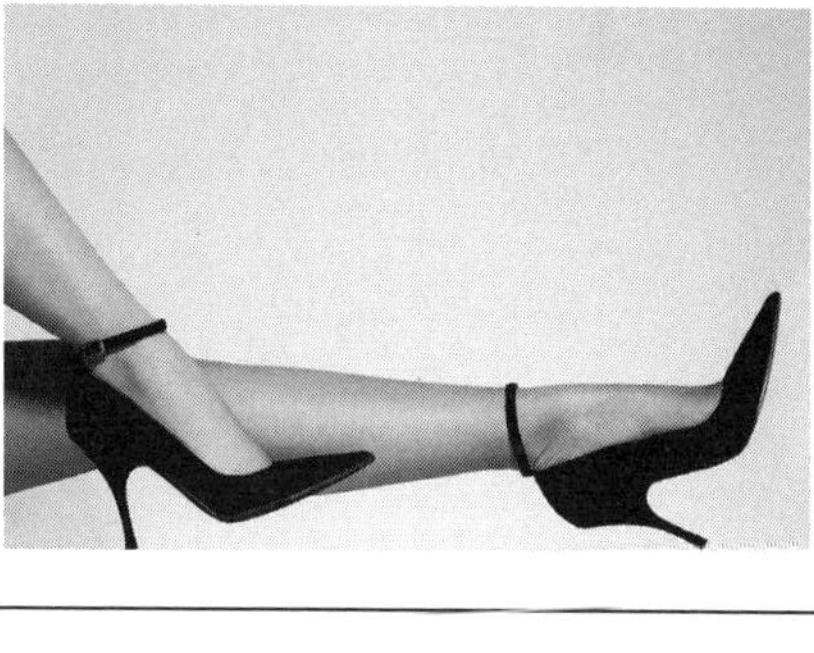

覚え違い72解説

「性癖」は特徴的な性格や性質を表す

「性癖」と「フェチ」は同一視されがちだが、同じではない。まず性癖とは「人の心の動きや行動」に現れる癖や偏《かたよ》り、嗜好《しこう》、傾向、性格のこと。つまり性癖の「性」は、性格や性質を意味しているのだ。

逆に、性的な意味があるのは「フェチ」である。フェチは「フェティシズム」の略で、物質や体の一部分などに性的興奮を覚えることを意味し、とくに性的関心が強い人は「フェティシスト」と呼ばれる。

現在の日本では、フェチはマニアや単なる嗜好の意味でも使われ、「わたし、首の肉フェチです」と告白したアイドルもいる。彼女が「首の肉に性的に興奮する」という意味で用いたのかどうかは、確認されていないが。

覚え違い

73

岩塩のミネラル分は一般の塩と比べて豊富ではなく、むしろ少ない。

覚え違い73解説

採掘の過程でミネラル分は減る！

岩塩はミネラル分が豊富で健康にいいとよくいわれるが、実際は少ない。海水から造った塩のほうが多いという事実がある。

岩塩とは、古代の海水が地殻変動で閉じ込められて結晶化したもの。そして、塩の結晶となるまでの長い年月で、カルシウム、ナトリウム、カリウム、マグネシウムなどのミネラル分が層に分かれていく。しかし、多くの岩塩はナトリウムの層を削り取って採掘するため、その分、ミネラル分は少なくなってしまうのだ。

また、岩塩は結晶が大きく塩化ナトリウムが豊富なので、海水塩より塩味が強い。水に溶けにくいことも多く、汁物の味付けには向かないとされる。ただ、溶けにくさのおかげで辛さが舌にゆっくり伝わり、刺激が少ない。岩塩が海水の塩よりまろやかに感じられるのは、そのためなのだ。

覚え違い

74

「ホッチキスで綴《と》じた紙は、針を外さないとリサイクルに出せない」は間違い。

覚え違い 74 解説

製紙会社の機械で除去される

ホッチキスで綴じた紙をリサイクルに出すとき、金属製の針（芯）を一つ一つ外して分別する人も多いはずだ。ただ、自治体にもよるが、基本的にホッチキスの針は外さなくても構わない。

回収された古紙は、製紙会社で再生紙にされる。最初は「パルパー」という機械の中で温水と薬品の中に漬け込まれ、かき混ぜられて、その後、ホッチキスの針を含めたゴミは大部分が取り除かれる。残った分も、除去装置を通るときに処理されるのだ。

製紙会社の機材がよほど古いなら話は別だが、このような工程を経るので、針を付けたままで大丈夫。ただし、燃えるゴミとして出す場合は、焼却炉で燃え尽きない可能性が高いので、必ず取り除いてからにしよう。

覚え違い

75

「ネット通販でもクーリングオフ制度が適用される」は間違い。

覚え違い75解説

ネット通販はクーリングオフの適用外

売買契約を結んだあとでも、一定期間内なら条件なしで解約可能な制度が「クーリングオフ」だ。ただしネット通販に関しては、原則としては適用されない。適用されるのは、訪問販売や電話勧誘販売、キャッチセールスなど。購入したくて検索し、じっくりと選ぶ時間もあるネットショッピングは適用外となるのだ。

通販サイトに「返品の条件」が書かれているのは、特定商取引法によって義務付けられているからだ。この法によって、販売業者は返品の可否と条件を表示する必要がある。条件表示がない場合は、商品引き渡し日から8日以内の返品が可能だ。

しかし「返品不可」と書かれていたら、商品は送り返せない。悪質な業者の場合、「返品不可」が細かく読みにくい字で表示されていることもあるので、ご注意を。

覚え違い

76

天津飯は中国生まれではなく、日本発祥の料理。

覚え違い 76 解説

クリームシチューも日本産の洋風料理

白飯の上にカニ玉をのせ、餡《あん》をかける天津飯だが、中国の天津市とはなんの関係もない。発祥は日本だ。

中国料理のカニ玉を参考に、明治時代の日本で考案されたという説が有力で、発祥の地は東京浅草の「来々軒」か、大阪馬場町にあった「大正軒」だとされているが、どちらが正しいかは不明だ。

外国由来だと思われがちだが、実は日本発祥という料理はほかにもある。その一つがクリームシチューだ。

1947年、戦後の学校給食開始にともない、栄養補給食として作られたのが始まり。当初は脱脂粉乳を使っていたが、やがて牛乳に変更されて現在の形になった。一般家庭に広まったのは、粉末のルウが発売された60年代以降である。

覚え違い

77

モンドセレクションの受賞は
数ある商品と比べる
相対評価ではなく、絶対評価。

覚え違い 77 解説

ほかとは比べない絶対評価

最近はさほど聞かなくなったが、一時は多くの食品が「最高金賞受賞！」と喧伝《けんでん》していたモンドセレクション。

モンドセレクションとは、幅広い商品の技術的水準を審査するベルギーの民間企業のこと。費用を支払えば誰でも応募が可能で、ほかの商品と比べる相対評価ではなく、基準だけを調べる絶対評価で審査される。つまり、審査員が「基準に達している」とOKを出せば、数に限りなく受賞が可能なのだ。そのため、出品すれば9割以上の確率で何らかの賞が与えられるという。

審査基準は、味のほかに成分やパッケージ情報の正しさ、調理のしやすさなど。国際的に著名な専門家が4か月かけて審査するというが、ヨーロッパでは知名度が低く、アジアからの応募が多数を占めるそうだ。

覚え違い

78

売春行為は違法ではあるが
罰則は存在せず、
逮捕されることもない。

覚え違い78解説

罰せられるのは勧誘行為やあっ旋者

売春行為が全面的に違法となったのは、1957年に「売春防止法（売防法）」が施行されてから。ただし、この法律はあくまでも「防止法」であり「禁止法」ではない。

そのため、罰則の対象となるのは未成年者への売春強要や客への勧誘、売春場所の提供やあっ旋《せん》行為であり、これらを処罰することで「防止を図《はか》る」というのが目的だ。したがって、売春を行なった本人も客も、違法行為ではあるが罰せられることはない。

売春行為を罰しないのは、売春する女性が「社会的弱者」と見なされていたからだ。そのような女性たちの補導および保護も同法の目的で、刑罰を与えて反省させるというよりも、更生《こうせい》を意図した法律なのである。

覚え違い
79

イチジクの
食べる部分は
果実ではなく、
「花」である。

覚え違い 79 解説

イチジクは実の中で花を咲かせる

夏〜秋が旬《しゅん》のイチジク。皮をむいてかぶりつくと、甘くてトロリとした食感が特徴だが、この食用になっている部分は実ではなく、花である。イチジクを漢字で書けば「無花果」となる。「花が無い実」という意味だが、実際には花は咲く。実の中に隠れているのでわかりにくいだけだ。

熟したイチジクの果実を割ると、赤色の粒が詰まっている。実や種だと勘違いされがちだが、これが花。正確には花嚢《かのう》といい、この中で多くの花が咲いている状態なのだ。

花が実の内部にあるのは、中で産卵するイチジクコバチに花粉を付けるため。イチジクの原産地であるアラビアや小アジアの野生状態では、この小さいハチが入り込んで卵を産む。日本で収穫されたイチジクにはそうしたことはないので、ご安心を。

覚え違い

80

紅茶、緑茶、ウーロン茶の茶葉は
それぞれ違うのではなく、
すべて同じ茶葉。

発酵の仕方で作り分けられる

日本の緑茶、中国のウーロン茶、そして紅茶。これらは味や風味が違うので、原材料である茶葉も違うものだと思いがちだが、実はすべて同じチャノキ（茶樹）から生える茶葉から作られている。

作り分けの決め手は、発酵度合いだ。まず、茶葉を完全に発酵させると紅茶になる。途中で熱処理して酵素活性を止めるとウーロン茶。そして新鮮な状態で熱処理をほどこし、全く発酵させなければ緑茶になるのだ。

さらに、緑茶は新芽以外だと番茶、採取前に茶葉を遮光すると抹《まっ》茶《ちゃ》や玉露《ぎょくろ》、遮光しなければ煎《せん》茶、茶葉を後から発酵させるとプーアル茶になる。

たった一種類の茶葉が、加工や発酵具合でさまざまなお茶を生み出しているのだ。

覚え違い

81

「カルシウムが不足すると
イライラする」に根拠はない。

覚え違い81 解説

不足するとイライラするのは「セロトニン」

「カルシウムが不足すると怒りっぽくなる」というのは、よく耳にする話だが、科学的根拠はない。血中のカルシウム濃度が低下すると骨の成分が分解されるものの、その濃度と精神的なイライラとの因果関係は証明されていないのだ。

この疑似科学が広まったのは1970年代のこと。そのころから、日本人の魚食中心の食生活が欧米式の肉食中心に変化し、さらに公害問題や不安定な政情などで国民に不安がまん延していた。

そこで雑誌が「ストレス社会の原因はカルシウム不足にある」という記事を出したことから、食の変化とストレスを結び付けて、誤解が広まったとされる。

不足するとイライラするのは脳内物質のセロトニンであり、比較的含有量の多い大豆製品や乳製品を摂取するのが効果的だという。

覚え違い

82

「人間の脳は10％しか使われていない」は、間違い。

覚え違い82 解説

常に脳全体が連動して情報を処理している

人間の脳は10％しか使われておらず、残る90％を活用すれば、未知の才能や能力が開花する——。このような説に則《のっと》った怪しげなトレーニングやセミナーに誘われたり、機器の購入を勧められたりした人がいるかもしれないが、これはフィクションでしかない。

マサチューセッツ工科大学が2015年に発表した論文によると、脳は「全体の神経が連動して情報を処理している」。被験者に点の動きを追わせて脳神経の動きを図る実験をしたところ、状況に応じてメインの部位を変えつつ、脳全体の神経が連動して動いたという。また、活動しないときでも脳神経は活発に動くことが判明している。つまり、人間の脳は、常にほぼフルパワーで働いているのだ。

何らかの方法によって脳が覚醒《かくせい》し、未知のパワーに目覚めるというのは、夢物語に過ぎないのである。

覚え違い

83

スーパーで売っている
「ニンニクの芽」は
芽ではなく、茎《くき》。

覚え違い 83 解説

「芽」と呼ばれる理由はいまだに不明

油で炒《いた》めると、独特の香ばしさで食欲をそそるのが「ニンニクの芽」。だが、これは本物の芽ではなく、実際は茎である。

春になると、ニンニクの球根（鱗茎《りんけい》・鱗球《りんきゅう》）からは花を咲かせるための茎が伸び始める。この茎（花茎《かけい》）が、ニンニクの芽の正体だ。伸びた茎は球根に栄養が溜《た》まりやすいよう、花が咲く前に摘み取られる。そして摘み取られた茎が、炒め物などの材料として売り出されている。

ではなぜ、茎なのに芽と呼ばれるのか？

実をいうと、その理由はよくわかっていない。また、鱗茎から生える本物の芽も無毒なので食べられるが、苦みがあって焦げやすいので調理は難しいようだ。

覚え違い

84

ミッフィーの顔の
下部に描かれた
×は「口」ではなく、
「鼻と口」の両方を表す。

覚え違い 84 解説

ウサギの鼻から口を表現している

ミッフィーはオランダの作家ディック・ブルーナの絵本に登場するウサギの少女で、本来の名前はナインチェ・プラウス。ミッフィーは英語翻訳時に付けられた名称で、福音館書店刊行の絵本では「うさこちゃん」、グッズやアニメなどでは「ミッフィー」と表記される。

そんなミッフィーの顔には×のマークがある。口と思われがちだが、これは「口と鼻」。ウサギの鼻から口の部分が×の形に見えたので、ブルーナがそうデザインしたようだ。大人のウサギは✕となっているが、これは「大人のシワ」を表現したとされる。

そんなミッフィー（うさこちゃん）は意外にも、お店のお菓子を取ってしまったことがある。詳しく知りたい方は『うさこちゃんときゃらめる』（ディック・ブルーナ文・絵／松岡享子訳／福音館書店）をお読みいただきたい。

覚え違い

85

牛肉の格付けのA5は「最高品質」という意味ではない。

覚え違い 85 解説

「C3」のほうがおいしい、と感じる人がいる理由

牛肉で最高の格付けが「A5」。しかしランクが高くても、味が最高品質とは限らない。

A5の「A」とは、肉の「歩留等級《ぶどまり》」を表すランクだ。歩留等級とは肉牛の可食部の多さを表す基準で、AからCの3段階に分かれる。つまり、Aは最も枝肉《えだにく》量が多い牛のことをいう。そして「5」は肉質のランクで、脂の入り方や肉色・質感の総合的な判断で評価される。

したがって「A5の牛肉」とは、太った牛の体で最も脂と肉色がいい肉となる。「一番美味しい肉」という意味ではないのだ。

同じ5ランクであれば、AでもCでも質に変わりはない。脂の少ない赤身が好きな人にとっては、5よりも4や3のほうがおいしく感じられることもあり得るのだ。

覚え違い

86

湧き出た水がぬるくても、
有効成分が含まれてなくても、
「温泉」と名乗ることはできる。

覚え違い86解説

法的には25度でも「温泉」

温泉といえば、地中から熱湯が湧き出ているイメージが強い。だが法律によれば、さほど温かくなくても温泉を名乗ることは可能なのだ。

温泉法第2条によれば、温泉とは「地中から湧出する温水、鉱水及び水蒸気その他のガス（炭化水素を主成分とする天然ガスを除く）で、別表に掲げる温度または物質を有するものをいう」と定められている。その温度とは、泉源における水温が摂氏25度以上である。

また、溶存物質や遊離炭酸、リチウムイオンなど19挙げられている成分のうち、一つ以上の成分が含まれていればよいとされ、その場合は25度以上でなくてもOK。

つまり、温泉成分を一つでも含んでいれば温泉であり、全く含んでいなくとも25度以上であれば温泉と名乗れるのだ。

覚え違い

87

「ヲ」の書き順と画数。
①上の横棒、
②下の横棒、
③ノで、3画になる。

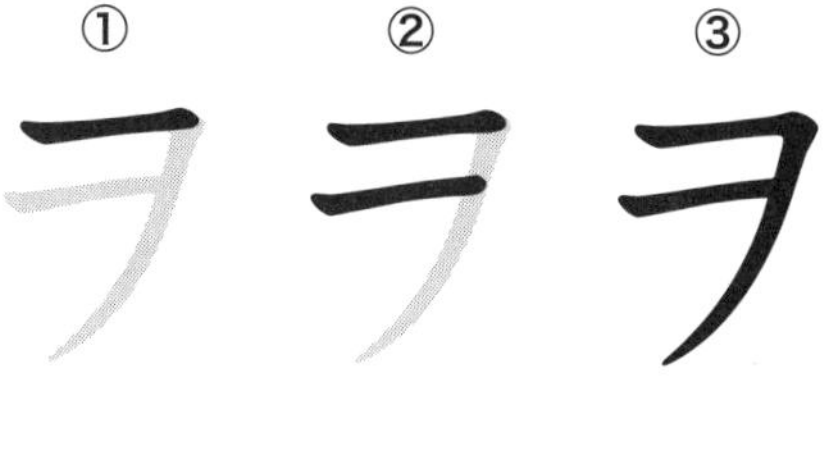

覚え違い 87 解説

9割が間違えるほど知られていない！

「を」のカタカナ表記である「ヲ」は、「フ」を描いてから、真ん中の「一」という順番で書く人が多い。そのため、画数も2画だと思っている人がほとんどだろう。

しかしこれは正しくない。まず、本来の画数は3画である。書き順は、最初に上の横棒を書き、次は下の横棒、最後にノを書くのが正解である。

とあるクイズ番組では「9割が書き順を間違えた」という逸話もある。そこまで誤りが広まったのは「手早く簡単に書けるから」だという意見が多い。

今では、誤った書き順が、本来の書き順を駆逐《くちく》しそうな状況といえるだろう。

覚え違い

88

「敷居が高い」の意味は「高級すぎて入りづらい」ではなく、「負《お》い目を感じて行きにくい」。

負い目がなければ高級店でも「敷居」は高くない

「敷居が高い店」といえば「高級すぎて入りづらい」「かしこまっていて気軽に入れない」という意味だと覚えている人は多いだろう。だが、本来の意味は「相手に不義理などをしてしまい、行きにくい」である。

文化庁の調査によると、「敷居が高い」の意味を本来の意味で使う人は平成20年度には42・1％だったが、令和元年には29・0％にまで下がった。今では3分の2以上の人が、間違った意味で使っていることになる。

敷居とは、ふすまや障子《しょうじ》、引き戸を開閉するためにある溝。かつては家に入る際、真っ先に越えなければいけないのが敷居で、以前に失礼があると、跨《また》げないほど高く感じられるもの。そんな「負い目を感じて入りづらい」という心理が、本来の意味なのだ。

覚え違い

89

恐竜は、太古に
生息していた
爬《は》虫《ちゅう》類ではなく、
鳥類の仲間。

覚え違い 89 解説

二足歩行が可能で羽毛があり、恒温動物だった？

「恐竜は古代に存在した爬虫類の一種である」

こう教えられた人は多いだろう。だが、恐竜が爬虫類だという確固たる根拠はどこにもない。

変温《へんおん》動物で卵生、ウロコはあるが体毛はないというのが爬虫類の特徴。しかし、恐竜は恒温《こうおん》動物だったとする説もあり、種類によっては羽毛があった。しかも爬虫類は原則として四足歩行だが、恐竜は二足の直立歩行が可能だった。

そもそも恐竜が爬虫類とされたのは、最初に発見された歯の化石がイグアナに似ていたから。しかし、その後の発掘や研究で、トカゲの一種とする考え方には無理が生じてきた。

恒温動物で羽毛があり、直立歩行ができたとすれば、恐竜は爬虫類ではなく鳥類に近いとする説が、現在では有力なのだ。

覚え違い

90

クリスマスは
キリストの誕生日ではなく、
そもそも誕生日がいつなのかは
聖書にも書かれていない。

覚え違い 90 解説

クリスマスはもともと異教の祭礼だった

実は、聖書にキリストの誕生日は記されておらず、生まれ月も季節ですら不明だ。では、なぜ12月25日がキリストの誕生日とされたのか。原因と考えられるのが「冬至《とうじ》」である。

1～4世紀にかけて、古代ローマではミトラス教が盛んで、信者は昼間が一番短い冬至の12月25日を「太陽をあがめる日」とした。冬至は太陽の力が最も弱まる日とされ、翌日からは再生していくとの考えからだ。対抗するキリスト教会は、このミトラス教徒を取り込もうと、12月25日を正義の太陽＝キリストの降誕《こうたんび》日に定めた。また、異民族のゲルマン民族も冬至に祭礼を営んでいた。

つまり、クリスマスの起源は異教の祭礼にあるわけだ。現在もキリスト教では、クリスマスはキリストの降誕を祝う日であり、誕生日との見解は示していない。

覚え違い

91

イエス・キリストの名前はイエスだが、キリストは名字ではない。

覚え違い 91 解説

イエスを救世主としてあがめる呼び名

「イエス・キリスト」とは、厳密にはキリスト教の神様ではない。宗派で多少解釈は異なるが、イエスは神の子で、地上に遣わされた救世主だとする。

そんなイエス・キリストの「キリスト」は名字ではなく、ヘブライ語の「マシアハ」（メシア）のギリシャ語訳だ。もとは「油を注《そそ》がれる者」の意で、かつての祭司や王は、就任の際に油を塗られる習慣があった。

このことから、マシアハに「救世主」という意味が生じ、さらに古代のキリスト教徒は、この言葉をギリシャ語の「クリストス」に翻訳。さらにこれが訛《なま》ってキリストになったとされる。

つまりイエス・キリストは、「救世主イエス」という意味なのだ。

覚え違い

92

「黙して語らず」の読み方。「もくしてかたらず」ではなく、「もだしてかたらず」。

覚え違い92解説

読み間違いがそのまま定着した

黙って何も語らないことを意味するのが「黙して語らず」だが、ほとんどの人は「黙して」を「もくして」と読むだろう。

これは慣用読みといって、誤読が一般的になったもの。本来は「黙して」は「もだして」と読む。ただし、「黙する」の場合は「もくする」だ。

現在では「もだして」はほとんど忘れられて、「もくして」と読むのが一般的。「もだして」と、誤読の「もくして」を併記する辞書も少なくない。

このように誤読が定着した言葉はほかにもあり、「消耗（しょうこう）」や「貼付（ちょうふ）」、「堪能（かんのう）」「憧憬（しょうけい）」などが挙げられる。今はそれぞれ、「しょうもう」「てんぷ」「たんのう」「どうけい」と慣用読みされることが多い。

覚え違い

93

大学教授には原則として、高い学歴も博士号も必要ない。

覚え違い93 解説

大学のスカウトか公募で教授になれる

学歴に関係なく地位を得られる職業が、社長、議員、そして大学教授である。大学卒の学歴も必要ない。たとえば、建築家の安藤忠雄氏は工業高校卒で、1997年に東京大学工学部の教授に就任している。

とはいえ、安藤氏の場合は例外中の例外で、やはり大学教授は大学院で博士号を修得してから大学教員として採用され、助手から順に出世するルートが一般的だ。ただし、文化やスポーツで優れた功績を残せば、臨時の「客員教授」として招かれることもある。

また弁護士や検事になるのも、学歴は必要ない。司法試験の受験資格は法科大学院の修了者か、司法試験予備試験に合格すること。予備試験は学歴に関係なく受験できるので、これと司法試験に合格すれば、弁護士などへの道が開ける。

覚え違い

94

英語圏では、ベテランは「経験豊富なヒト」ではなく、「退役軍人」という意味。

覚え違い94解説

ジンクス、ハイジャックも意味が違う

日本では、特定分野の技術に優れ、経験豊富なことを表すベテラン（veteran）。しかし英語の意味は「退役軍人」だ。そのため英語圏で「私はベテランです」と言うと、元軍人と誤解されかねない。

そして、ジンクス（jinx）は「悪い縁起」という意味だ。これが日本では「悪い」の部分が削除され、「縁起物全般」を表すようになった。

さらに興味深いのが、ハイジャック（hijack）。その意味は、飛行機の乗っ取りではなく「乗り物全般の乗っ取り」。「ハイ」は呼びかけのHi、「ジャック」は人名とする説が有力で、もちろん船でもバスにも当てはまる。

船舶《せんぱく》の乗っ取りをシージャック、バスをバスジャックと呼ぶのは、明らかな誤りなのだ。

覚え違い

95

飲酒前に
牛乳を飲んでも
「悪酔い防止」の
効果はない。

覚え違い95解説

アルコールの分子は牛乳の膜を貫通する

牛乳は悪酔い対策になるとよくいわれる。その理由は、飲むと胃壁に膜が張られるのでアルコール吸収が抑えられるというもの。

確かに、牛乳が胃の酸性度を下げ、膜を張って吸収を抑えるというのは事実だ。だが、アルコールの分子は小さいので、牛乳の膜を簡単に素通りしてしまう。

また、胃で吸収されなくても小腸や大腸で吸収されていく。そのため事前に牛乳を飲んでも、悪酔い予防効果は、ほぼ期待できないのである。

ただし乳脂肪は、アルコール分解を助ける効果があるとも考えられている。そのときも、牛乳より効果があるのはバターやチーズ。固形物なので胃袋に残り、飲み過ぎ防止にもなるのでおすすめだ。

覚え違い

96

干支《えと》の変わり目は
正月でも旧正月
でもなく、「立春」。

覚え違い 96 解説

一年を24に区切った暦を参考にした

年明けに届く年賀状は、その年の干支の動物をデザインしたものが多い。そのため「干支が変わるのは正月」と認識している人が多いだろう。

「いや、古い習慣は旧暦に従うべきで、干支も旧正月に変わる」と主張する人もいるかもしれないが、本当の変わり目は立春（2月4日ごろ）である。

古代中国では二十四節気《にじゅうしせっき》を暦《こよみ》としても用い、その初日となったのが立春。そこから大寒《だいかん》までの24の節を辿《たど》って一年が回るとした。干支もこの24の区切りを採用しているため、干支の変わり目も立春なのだ。

2022年でいえば、1月生まれの人は丑《うし》年生まれで、立春以降に誕生日を迎える人が寅《とら》年生まれになるのである。

覚え違い

97

「右脳派だから芸術家気質」と診断することはできない。

覚え違い 97 解説

機能の違いと性格・能力に因果関係はない

右脳派だと直感的で芸術家気質、左脳派だと理知的で計算が得意。そんな診断を聞いたことはないだろうか。しかし、この診断は完全な誤りだ。

一般的に、右脳には左右の空間を認知する機能があり、左脳には言語を司る言語野《げんごや》という部位があるという。そうした右・左脳のどちらが強いかで、性格にも差異が出るとされていた。

だがこれは、1981年にアメリカ人の神経学者が発表した「左脳・右脳の構造の違い」が曲解された俗説で、構造が異なるからといって人間の性格に影響を及ぼすことはない。事実、マサチューセッツ工科大学の実験で、人の活動時には左右別々ではなく、脳全体が連動することが判明。

「計算が苦手なのは右脳体質だから」は、言い訳にすぎないのだ。

覚え違い
98

伊勢海老は
「カニ」の仲間で、
タラバガニは
「ヤドカリ」の仲間。

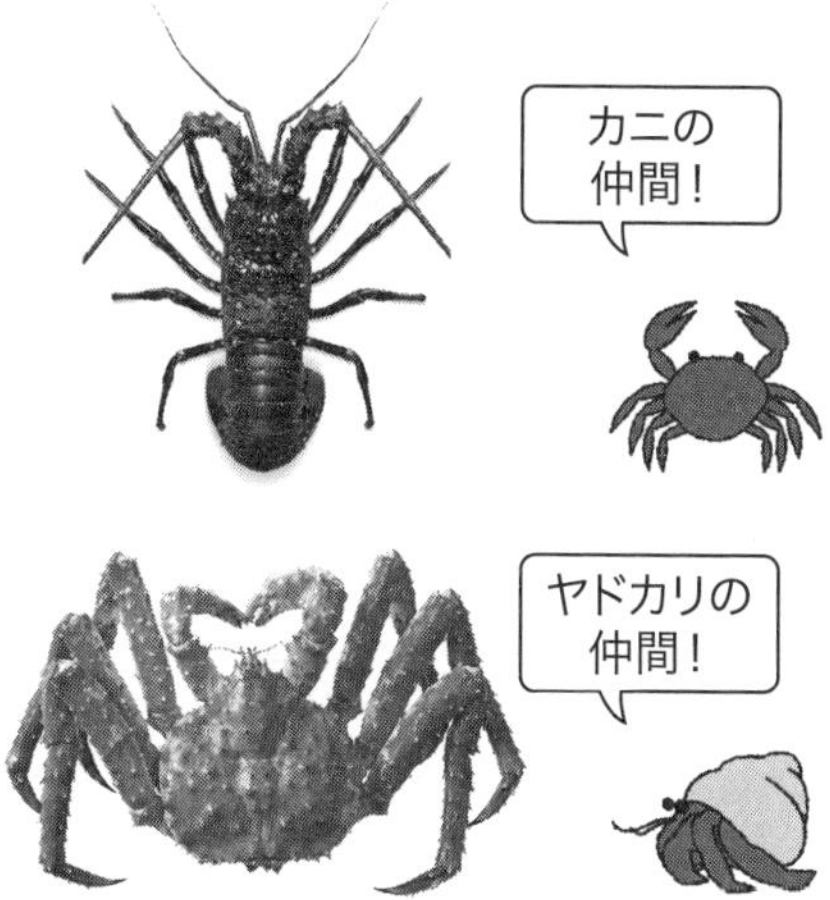

覚え違い 98 解説

伊勢海老は「抱卵亜目」というカニの仲間

高級食材の伊勢海老は、「エビ」と名付けられてはいるものの、厳密には「カニ」の仲間である。

エビとカニは、同じ「甲殻亜門《こうかくあもん》・軟甲綱《なんこうこう》・十脚目《じつきやくもく》」だが、そこからさらに「根鰓亜目《こんさいあもく》」と「抱卵亜目《ほうらん》」に分類される。違いは卵の産み方だ。

根鰓亜目は水中に直接卵を放出するが、抱卵亜目は卵が孵化《ふか》するまで腹部に抱く。カニは抱卵亜目に分類され、伊勢海老も抱卵亜目のイセエビ科。つまり、伊勢海老はどちらかといえばカニの仲間なのである。また、ロブスターも抱卵亜目のザリガニ下目《かもく》なのでカニの仲間だ。

一方、タラバガニは、カニというよりもヤドカリに近い。見た目通りに分けられないのが、エビとカニの世界なのだ。

覚え違い

99

ひな人形の
「お内裏《だいり》様」の意味は
「男雛《おびな》」ではなく、
「男雛と女雛《めびな》」。

それって常識?!

童謡の作詞者が、痛恨のミス！

童謡『うれしいひなまつり』の冒頭に「お内裏様とおひな様、二人並んですまし顔」という歌詞がある。このことから「お内裏様」とは男雛を、「お雛様」は女雛を指すのだと思われがちだが、これは間違いだ。

そもそも「内裏」とは、天皇と皇后の住む私的な空間のこと。そこから天皇・皇后や皇室を表す言葉としても使われる。つまりお内裏様は男女のひな人形を指すわけで、童謡の歌詞は誤りなのだ。

この歌を作詞したサトウ・ハチローは、歌詞の間違いを晩年まで気にしていて、あまたある自身の作品の中で最も嫌っていたという。

サトウ家では、この歌の話はタブーであり、テレビから流れてくるとハチローは、スイッチを切るよう命じたとのエピソードも残されている。

覚え違い

100

魚は必ずしも
「新鮮なほうがいい！」
わけではなく、
寝かせたほうが
おいしい魚もいる。

うま味成分は死後硬直がとけたあとに増える

魚の刺し身は新鮮なものがうまい。そう信じている人は多いが、種類によっては、しばらく寝かすほうがおいしいものもある。

生きた魚をさばいたあと、しばらくは死後硬直によって身が固い。そのため、歯ごたえはあるが「とろけるようなおいしさ」は期待できない。そして魚のうま味成分はアミノ酸やイノシン酸なのだが、これも死後硬直がとけたあとに生み出される。とくにフグはタンパク質が多いので、3～4時間は寝かす必要があるという。

フグのほかにもマグロなどの赤身、タイやヒラメといった白身の魚も、期間は異なるが寝かすほうがよいとされる。ただ、腐敗の早いイカやタコ、青魚は、すぐに食べないと食中毒の原因となる。

ともあれ、どんな魚でも活け造りが一番という考えは、改めたほうがよさそうだ。

覚え違い

101

卵子は、最初に到着した
精子とではなく、
体力の残った精子と受精する。

精子の世界も体力勝負

卵子は精子との融合で受精するが、卵子と結び付くのは1匹だけ。しかも、一番乗りの精子と受精するわけではない。

男性が一度に射精する精子の量は数億匹とされるが、このうち卵管を通って卵子にたどり着くのは数百匹にすぎない。生き残った精子は、その先端にある酵素で、卵子を覆う「透明帯《とうめいたい》」という膜を突き破ろうとするが、1匹では無理。そこで、みんなで力を合わせて膜を薄くする。

やがて膜を突破する状態になると、一番元気のいい精子が飛び込み、無事に受精にいたるのだ。

精子を邪魔するのは膜だけではない。免疫細胞によって精子が殺されてしまうこともある。これは、不妊の原因の一つともされているのだ。

覚え違い
102

国際的な警察機構
「インターポール」に
犯人の逮捕権はない。

INTERPOL

覚え違い102解説

身柄を拘束できるのは各国の警察

テレビや映画では「国際警察」のような描かれ方をする「インターポール」（ICPO）。正式名称は「国際刑事警察機構」だが、その職員に犯人逮捕の権限はない。

ICPOは加盟国の警察機構によって結成された国際犯罪防止のための組織で、加盟国は190か国にのぼる。だが、各国の連絡機関もしくは協議体としての役割が強く、実働部職員が国際犯罪の実働捜査、緊急時には容疑者の確保を行なうこともあるが、身柄の拘《こう》束《そく》はその国の警察だ。

そもそも逮捕権は典型的な国家権力であり、それを他国で行使することは主権の侵害や内政干渉にあたる。そのため、インターポールの職員といえども、他国で勝手に犯人を逮捕することは許されていないのだ。

覚え違い

103

テトラポッド、ウォシュレット、
バンドエイドは「登録商標」だが、
文房具のホッチキスは「通称」。

覚え違い 103 解説

ホッチキスの正式名称は「ステープラー」

「登録商標」とは特許庁に登録された商品のマークや名称のことで、登録者の独占が認められている。だが、流通している商品の中には、登録商標のようで実はそうでないものもある。一例がホッチキスだ。

最初期のホッチキスは、アメリカのＥ・Ｈ・ホチキス社から輸入したもので、その社名が通称として定着した。なお、正式名称は日本工業規格の「ステープラー」である。

これとは逆に、一般名称のようでありながら登録商標というものもある。

テトラポッドは不動テトラ社の登録商標で、正式名称は「消波《しょうは》ブロック」。ＴＯＴＯのウォシュレット、ジョンソン＆ジョンソン社のバンドエイドも登録商標で、それぞれ「温水洗浄便座」、「ガーゼ付き絆創膏《ばんそうこう》」が正式名称である。

覚え違い

104

「イスラム法とコーランは飲酒を禁じている」は間違い。

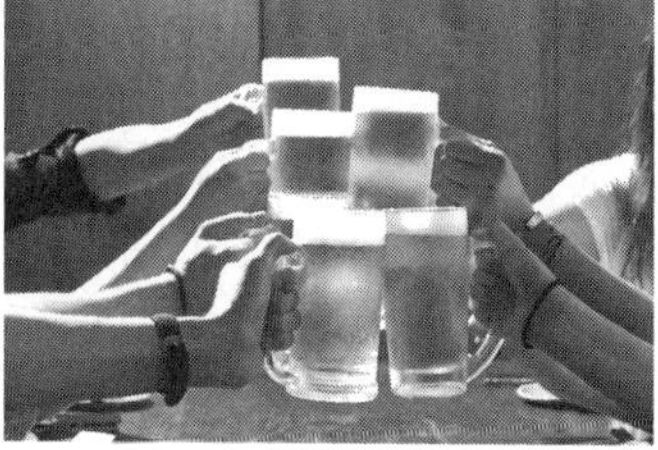

飲酒が可能なイスラム国家も多い

イスラム教徒にとってタブーといえば、有名なのは豚肉と飲酒だ。

実は、だが飲酒のほうは、必ずしも禁止とは限らない。

飲酒の扱いは聖典「コーラン」でも一貫していない。第5章では飲酒を悪魔の所業《しょぎょう》とする反面、第16章では酒造を認めている。第4章でも飲酒後の礼拝を禁じているものの、飲酒自体は禁じていないのだ。

そもそもイスラム教は多くの宗派があり、軽度の飲酒を認める宗派もある。したがって、イスラム国家でも飲酒の扱いはまちまち。ワインは禁じているが、そのほかのアルコール飲料に関しては見解が分かれ、ワインでも酩酊《めいてい》しなければＯＫとするところもある。

さらに、イスラム圏でもビールやワインを製造している国は多く、そのような地域のムスリムの中には飲酒を楽しむ人もいる。

覚え違い

105

ホットケーキは
パンケーキの一種で、
スパゲティも
パスタの一種。

パンケーキもパスタもカテゴリーの名称

パンケーキとは、小麦粉、卵、牛乳などを混ぜてフライパンで焼き上げたもの。このパンケーキに砂糖を加え、バターとシロップをかけたものがホットケーキである。

日本でのホットケーキはスイーツだが、パンケーキは、砂糖を加えずに朝食として出されることもある。したがって、ホットケーキとはパンケーキの一種であり、「クレープ」も材料や調理法からするとパンケーキの一種といえる。

同じような区分が可能なのは、パスタとスパゲティだ。パスタとは小麦粉の練り物全般を指し、スパゲティは太さ約2ミリの麺タイプをいう。つまりマカロニも、きしめんのようなタリアテッレも、パスタの一種なのだ。

覚え違い

106

トランプの意味は
「カード」でも
「カードゲーム」でもなく、
「切り札」。

覚え違い 106 解説

勝利を意味するトライアンフが訛ってトランプに

ポーカーや七並べなどのゲームやマジック、占いで用いられるトランプ。しかし、英語のtrumpとは意味が異なる。英語の場合はカード全般を指すのではなく、「切り札」という意味。

トランプは古代ギリシャ語で酒神への賛歌を意味するthriambosが語源で、これが英語で大勝利を意味する「トライアンフ(triumph)」に変化した。これがさらに訛《なま》ったものが「トランプ」だったのだ。

日本でカードゲームという意味になったのは、明治時代初期のこと。カードゲームをしていた欧米人が切り札の1枚を指して「トランプ!」と言ったのを、日本人がカードの名称と勘違いしたのが始まりだ。

なお、トランプの本来の呼び名は「プレイングカード」である。

覚え違い

107

「ターキー」はトルコを指すが、七面鳥の原産地はアメリカ。

覚え違い 107 解説

〝トルコ産の鳥〟とされたわけとは

英語で七面鳥のことを「ターキー（turkey）」というが、これは本来トルコ（Turkey）のこと。そのため、七面鳥はトルコからの外来種と思われがちだが、実はアメリカ原産の鳥である。

七面鳥の生息地は、主にアメリカ中央部から東・南部と中米の一部。そんな七面鳥がターキーと命名されたのは、トルコ原産のホロホロチョウとよく似ていたからだ。

近世ヨーロッパでは、イスラム圏から輸入したホロホロチョウを「ターキーコック」と呼んだ。この鳥と似ていたので、七面鳥もターキーと呼ばれ、世界に広まったのである。

ちなみに、turkeyにはスラングで「映画などの失敗作」「失敗すること」という意味もある。そのためトルコ政府は2021年、英語表記をTurkiyeへ変更することを決定している。

◉左記の文献等を参考にさせていただきました——

『暮らしのことば　語源事典』山口佳紀編、『巨人の星1巻』梶原一騎・川崎のぼる（以上、講談社）／『語源海』杉本つとむ（東京書籍）／『大人のための図鑑　脳と心のしくみ』池谷裕二監修（新星出版社）／『愛のぬけがら』エドヴァルド・ムンク・原田マハ訳、『知ったかぶりキリスト教入門　イエス・聖書・教会の基本の教養99』中村圭志（以上、幻冬舎）／『山手線　駅と町の歴史探訪』小林祐一（交通新聞社）／『ＪＲ路線大全Ⅳ　山手線・首都圏各線』旅と鉄道編集部編（天夢人）／『図解　世界一わかりやすいキリスト教』富増章成（ＫＡＤＯＫＡＷＡ）／『果物図鑑ミニ』日本果樹種苗協会他監修、『季節の行事と日本のしきたり事典ミニ』新谷尚紀監修（以上、マイナビ出版）／『Dr.スランプ1巻』鳥山明、『専門医が語る　毛髪科学最前線』板見智（以上、集英社）／『京〈ＫＹＯ〉のお言葉』入江敦彦（文藝春秋）／『新説恐竜学』平山廉（カンゼン）／『日本うなぎ検定』塚本勝巳・黒木真理（小学館）／『暦の科学』片山真人（ベレ出版）／『暦と日本人88の謎』武田櫂太郎（大和書房）／『エビはすごいカニもスゴイ』矢野勲、『物語イランの歴史　誇り高きペルシアの系譜』宮田律（以上、中央公論新社）／『Lightning特別編集　THE DENIM BIBLE』Lightning編集部編著（エイ出版社）／『両生類・爬虫類のふしぎ』星野一三雄（ＳＢクリエイティブ）／『知識の博覧会』曽根翔太（彩図社）／『Best Hit! 日本一のスタイル数　レングス別ヘアカタログ１５００』（主婦の友社）／『岩波キリスト教辞典』大貫隆他、『コーラン（上・中・下）』井筒俊彦訳、『ガリヴァー旅行記』ジョナサン・スウィフト・平井正穂訳（以上、岩波書店）／『おいしい「お茶」の教科書』大森正司（ＰＨＰ研究所）／『日本人が知っておきたい「中東アラブ25ヵ国」のすべて』宮田律（レッカ社）／『日本と世界の塩の図鑑』青山志穂（あさ出版）／『ペロー童話集』シャルル・ペロー・江口清訳（グーテンベルク21）／『日本架空伝承人名事典』大隅和雄（平凡社）／『本気でうさぎを飼いたい人のうさぎの飼い方育て方』沖田将人（自費出版）

日本気象協会「tenki.jp」／ＮＨＫ／ジャパンナレッジLib／ムーミン公式ＨＰ／テルモ体温研究所ＨＰ／名代富士そば公式ＨＰ／雪印メグミルク公式ＨＰ／くまモン公式ＨＰ／ＳＥＩＫＯ／WEB CARTOP／日経ＭＪ電子版／モンドセレクション公式ＨＰ／サントリー／朝日新聞デジタル／ITmedia／上野動物園公式ＨＰ／伯方塩業／毎日新聞電子版／法務省／全日本剣道連盟／日本ファイル・バインダー協会

KAWADE
夢文庫

9割の人が信じ込んでいる覚え違い大全

二〇二二年五月三〇日　初版発行

著　者…………博学こだわり倶楽部［編］
企画・編集……夢の設計社
東京都新宿区山吹町二六一〒162-0801
☎〇三―三二六七―七八五一（編集）
発行者…………小野寺優
発行所…………河出書房新社
東京都渋谷区千駄ヶ谷二―三二―二〒151-0051
☎〇三―三四〇四―一二〇一（営業）
https://www.kawade.co.jp/
装　幀…………こやまたかこ
印刷・製本……中央精版印刷株式会社
DTP…………アルファヴィル
Printed in Japan ISBN978-4-309-48584-3